Gerd Kreibaum

Warum sind die Japaner besser?

Gerd Kreibaum

Warum sind die Japaner besser?

Die Geheimnisse einer Wirtschaftsmacht

Wirtschaftsverlag Langen-Müller/Herbig

Schutzumschlag: Christel Aumann, München
Satz und Druck: Jos. C. Huber KG, Dießen
Buchbinder: R. Oldenbourg, München
Printed in Germany
ISBN: 3-7844-7129-3

Inhalt

1. Fangen wir vorn an 7

I. Der Part der Regierung 23
2. Japans Uhren gingen anders 25
3. Konsenspflege 33
4. »Kleiner« Staat 49
5. Wirtschaft und Wirtschaftspolitik – die Grundlinien 65
6. Industriepolitik 77
a) Wer ist das eigentlich – »die Regierung«? 77
b) Die Substanz der Industriepolitik . 85
c) Die Instrumente der Industriepolitik 99
7. Der Konsens hat eine Kehrseite . . . 107

II. Der Bereich der Unternehmen 115
8. Anstellung auf Lebenszeit – mit Einschränkungen 117
a) Das Prinzip 117
b) . . . und die Flexibilität 127
c) Wenn es ernster wird 133
9. Gewerkschaften 139
10. Eine Wirtschaft in zwei Schichten . . 147

11. Marketing first – und die Zulieferer . 161
12. »Made in Japan« –
die Sache mit der Qualität 175
a) Quality Control 178
b) »TQC« – Total Quality Control . . 187
c) QC-Fallstudie 1 192
d) Fallstudie 2:
QC im Rahmen strategischer
Unternehmensprojekte 213
13. Lehren? 221

1. Fangen wir vorn an . . .

Als Gott Himmel und Erde schuf, baute er an den Nordwestrand des Pazifik einen imposanten Gebirgsrücken, der allerdings zum größten Teil unter Wasser liegt. Sichtbar sind die oberen Partien, bei uns Japan genannt, in Gestalt von vier großen und Hunderten von kleinen Inseln.

Ein schönes Land, oft atemberaubend schön. Doch kein Grund zum Übermut: naturgemäß eine gebirgige Landschaft, und nur ein Siebentel ist eben genug für menschliche Besiedlung; entlang der Ostküste läuft ein tektonischer Bruch, der sich durch häufige, gelegentlich katastrophale Erdbeben bemerkbar macht; der drückend-heiße Monsunsommer leitet zwanglos über in eine Taifunperiode von zwei bis drei Monaten; Bodenschätze und andere irdische Reichtümer sind so gut wie nicht vorhanden. Und wer trotzdem meinte, dem Leben etwas kesser ins Auge sehen zu sollen, den stutzten die arroganten Samurai recht bald wieder auf bescheideneres Maß – oft in einem sehr buchstäblichen Sinn.

Eine Szene also, auf der man eher vorsichtig ge-

duckte bäuerliche Existenzen erwartet, und sicher keine Industrie-Imperien.
Wenistens normalerweise.
Aber was heißt »normalerweise«? Gelten hier vielleicht andere Maßstäbe? Sind die Japaner »normal«? Hat möglicherweise gerade die prekäre Existenz Charakterzüge hervorgebracht und gefördert, die mit den späteren Leistungen des industriellen Japan etwas zu tun haben?
Den Charakter eines Menschen wie den eines Volkes erkennt man eher in der Krise als im täglichen Trott. Für Japan waren die Jahre um 1850 verwirrend und krisenhaft, und diese Periode bietet in der Tat Schlüsselerlebnisse.
Wie nachhaltig diese Jahre das Land erschütterten, läßt sich nur mit einiger Phantasie nachempfinden. Unter den Shogunen – Reichsverwesern, die formell im Namen des Gottkaisers, der Sache nach aber in unbeschränkter Machtvollkommenheit als Militärdiktatoren das Land regierten – der Tokugawa-Zeit, war das Land nahezu vollständig von der Außenwelt isoliert. Der einzige regelmäßige Kontakt mit dem Rest der Welt bestand in einem bescheidenen Handel mit den Holländern, denen man die kleine Insel Deshima in der Bucht von Nagasaki als Niederlassung zugestanden hatte – unter Bedingungen und Beschränkungen, die nicht nur im einzelnen recht demütigend waren, sondern auch in ihrer Gesamtheit eine deutliche Botschaft enthalten: die verhaßten Barbaren waren vom hei-

ligen Boden Japans fernzuhalten, wie Aussätzige zu behandeln, und der Kontakt mit ihnen auf das Allernotwendigste zu beschränken. Ansonsten war, wenigstens im Prinzip, wer immer sonst an Japans Küsten landete, und sei es als Schiffbrüchiger, dem Tode ebenso verfallen wie umgekehrt jeder Japaner, der versuchte, das Land zu verlassen.

Ab etwa 1800 aber wurde es zunehmend schwieriger, den Bambusvorhang dicht zu halten. 1795 lief ein britisches Vermessungsschiff mehrere japanische Häfen an – noch kein bedeutendes Ereignis: von politisch heißen Themen war nicht die Rede; die Mission war naturwissenschaftlich. Weniger harmlos sah es am nordwestlichen Horizont aus. Das Zarenreich hatte schon im 17. Jahrhundert über Sibirien die pazifische Küste erreicht, und gedachte anscheinend nicht, es dabei bewenden zu lassen: Rußland träumte von einem pazifischen Reich. Es kontrollierte mit der sibirischen Küste, der Beringstraße und Alaska bereits den Norden und baute Niederlassungen in San Franzisco und Hawaii auf. Japan lag unübersehbar am – und im – Wege, und in der Tat erschien 1804 eine russische Delegation, um über Handelsrechte zu verhandeln. Es scheint aber, daß hinter der russischen Politik noch kein festes Konzept und ausreichender Nachdruck standen; jedenfalls ließ sich diese Delegation noch mit leeren Händen heimschicken.

Der nächste Besucher führte schon eine wesentlich deutlichere Sprache. Das britische Kriegsschiff

Phaeton tauchte 1808 im Hafen von Nagasaki auf. Die Mission war im Grunde viel harmloser als die der Russen: sie hatte offenbar mehr zu tun mit den Holländern und der Vorherrschaft in Südostasien als mit Japan. In Nagasaki wollten die Engländer lediglich ihre Vorräte auffüllen. Das wurde ihnen verweigert, wohl in der Annahme, viel weiterreichendere Absichten hätten das Schiff hierhergeführt. Darauf wurde der britische Kommandant recht eindeutig und drohte, den Hafen zusammenzuschießen. Japan hatte, jedenfalls nach japanischen Begriffen, massiv Gesicht verloren. Die Herren der lokalen Regierung taten das, was ein Samurai in solcher Situation tut: sie begingen seppuku, im Westen eher unter der für japanische Ohren etwas abfälligen Bezeichnung harakiri bekannt – was wörtlich Bauchaufschlitzen heißt. In der Tat etwas vulgär für den feierlich-makabren Akt.

Die nächste Lektion kam ebenfalls von den Engländern – indirekt und dennoch viel bedrohlicher als das bisher Erlebte: der Friede von Nanking, 1842, der den sogenannten Opiumkrieg beendete. China mußte Honkong an England abtreten, Schanghai und andere Häfen dem Handel öffnen. Und China lag ziemlich nahe vor der Haustür.

Um das Maß tiefer Beunruhigung in Japan voll zu machen, betrat noch ein weiterer Akteur die Bühne. Die Vereinigten Staaten waren interessiert an Zugeständnissen für ihre Walfänger: in japanischen Häfen Proviant und Wasser aufzunehmen, und bei

Sturm Schutz zu suchen. Eine erste amerikanische Mission unter Commodore Biddle, 1846, war noch betont friedfertig, und ließ sich abwimmeln. Nicht so die nächste, die für Japan legendären »Schwarzen Schiffe«, die 1853 unter Commodore Perry in die Bucht von Tokio – das damals noch Edo hieß – einliefen. Ein verblüffendes und furchterregendes Ereignis: zwei Fregatten des kleinen Geschwaders konnten sich gegen den Wind bewegen – sie waren dampfgetrieben.

Wie heftig der Schock war, läßt sich nur mit einiger Einfühlung in die japanische Vorstellungswelt nachempfinden; denn oberflächlich betrachtet, hatte Japan keine Niederlage erlitten. Perry's Schiffe hatten keinen Schuß abgegeben. Es hatte lediglich ein anderes Land eine Delegation entsandt, um die Aufnahme von Handelsbeziehungen vorzuschlagen.

Eigentlich keine weltbewegende Sache.

Aus japanischer Sicht eben doch. Während zweier Jahrhunderte galt die Order, Fremde ohne lange Diskussion ins Jenseits zu befördern oder doch, wenn dies nicht möglich war, schleunigst zu vertreiben. Und diese Order wurde, wennschon nicht immer mit gleicher Härte, ausgeführt. Die »splendid isolation« war eine einseitige, souveräne Entscheidung, die auch jederzeit durchzusetzen war.

Und dieses politische Gebäude war nun wie ein Kartenhaus eingestürzt: hier stand plötzlich eine andere Macht vor der Tür, die sich nach Gutdünken über die Isolierungspolitik hinwegsetzen, die jederzeit den heiligen Boden Japans mit ihrer Anwesenheit beschmutzen konnte. Plötzlich war unübersehbar, daß es zum Vertreiben von unerwünschten Eindringlingen zwei braucht: nämlich einen, der vertreibt, und einen, der sich vertreiben läßt.

Perry überbrachte also die Botschaft der Vereinigten Staaten und zog sich für den Winter auf die südlichen Inseln zurück – nicht ohne sehr deutlich zu machen, daß er im Frühjahr eine Antwort holen wolle, und daß »Nein« keine akzeptable Antwort sein würde.

Mit Konrad Adenauer zu reden: die Situation war da. Das zwar in der Form eher zurückhaltende, in der Sache aber massive Auftreten der Amerikaner war an sich schon ein politisches Erdbeben; die innere Situation des Landes verschärfte die Krise.

Denn hier tickte schon seit fünfhundert Jahren eine Zeitbombe, die für einige Jahrhunderte niemand beachtet hatte: eine »Geschichte der wahren Nachfolge der göttlichen Herrscher«, verfaßt seinerzeit als politische Kampfschrift gegen den Alleinherrschaftsanspruch des damals regierenden Ashikaga-Klans.

Die politische Essenz läßt sich, in die moderne staatsrechtliche Begriffswelt übertragen, einfach zusammenfassen: souverän ist der Gottkaiser; der Shogun übt Regierungsgewalt nur legal aus, soweit sie ihm vom Kaiser übertragen ist.

Diese These wurde von den Gelehrten um den Fürsten von Mito – ironischerweise eng verwandt mit den Shogunen der Tokugawa, unter denen der Kaiser völlig an den Rand des politischen Geschehens geschoben wurde – in der hundertbändigen Dai-Nihonshi, der Geschichte Japans, wieder aufgegriffen, mit Nachdruck unterstrichen.
Auch hier hatte der Gedanke – ohnehin nur als Verfassungsgeschichte präsentiert – keine unmittelbare politische Wirkung. Noch war – um 1700 – die Autorität der Tokugawa zu festgefügt für irgendwelche Zweifel. Nicht mehr so in der zweiten Hälfte des vorigen Jahrhunderts. Das Regime war anonym geworden, die charismatischen Shogune der frühen Tokugawa-Zeit eine blasser werdende Erinnerung. Die schwächeren Figuren der neueren Zeit regierten nicht mehr; es wurde in ihrem Namen regiert, von einer Art Ältestenrat – bewahrend, phantasielos, mißtrauisch, defensiv. Das Regime zeigte Ermüdungserscheinungen. Die mit harter Hand erzwungene politische Starre begann sich zu lösen. Was zweihundert Jahre niemand gedacht hatte, mindestens nicht laut – daß nämlich das Regime der Tokugawa möglicherweise nicht auf Ewigkeit identisch mit Japan war, sondern nur ein Kapitel der Geschichte –, wurde wieder denkbar.
Vor diesem Hintergrund schwindender Autorität der Shogune wurde plötzlich die These von der Souveränität des Kaisers und der lediglich delegierten Regierungsgewalt der Shogune zu politischem

Dynamit: der Shogun erschien als Usurpator, sein Herrschaftsanspruch angemaßt.
Als nun die von Perry überbrachte Botschaft unheilschwanger auf dem Tisch lag, beging der Shogun einen schweren Fehler: er fragte die daimyo – Territorialfürsten – um Rat. Durchaus einleuchtend vor jedem demokratischen oder aristokratischen Hintergrund; für ein autoritäres Regime ein folgenschweres Signal der Schwäche.
Die Mehrheit der daimyo war für Vertreibung der Barbaren, eine Minderheit für die Öffnung des Landes – sei es aus Einsicht in die militärische Situation, sei es, weiterblickend, um schleunigst den offenbaren technischen Vorsprung der westlichen Welt einzuholen: ein Lernprozeß, den nur der intensive Kontakt vermitteln konnte.
Ii Naosuke, Lord von Hikone, der für den Ältestenrat die Verhandlungen mit den Amerikanern führte, entschied sich für einen Mittelweg, der im Grunde keiner war: die verlangten Konzessionen wurden zugestanden, aber so eng umschrieben wie möglich. Geschichtsträchtig war nun nicht der Inhalt allein, sondern auch die Modalität der Ausfertigung: der Vertrag – wie auch die alsbald in rascher Folge ausgehandelten Vereinbarungen mit anderen Mächten – wurde im Namen des Shogun unterzeichnet; nicht mit Billigung und nicht im Namen des Kaisers.
Diese Kombination war der Katalysator für den inneren Widerstand, der sich nun unübersehbar for-

mierte; denn damit flossen zwei politische Grundströmungen zusammen: die eine für die Wiederherstellung der kaiserlichen Souveränität, die andere für die Vertreibung der verhaßten Eindringlinge. »Ehre dem Kaiser – hinweg mit den Barbaren«. Und es kam wohl ein drittes Element hinzu: mächtige Regionalfürsten wie die Satsuma im Süden waren von den Tokugawa-Shogunen immer nur mit einiger Mühe unter Kontrolle gehalten; sie witterten Morgenluft. Hier war die Gelegenheit, das unter einer meist ruhigen Oberfläche immer verhaßt gewesene zentrale Regime von Edo zu stürzen.

Eine explosive Situation: eine Regierung mit schwindender Autorität, die sich über den Willen des Kaisers hinweggesetzt hatte, die den heiligen Boden Japans von Barbaren beschmutzen ließ. Blutige Zwischenfälle ließen nicht auf sich warten. Einer davon ist außerordentlich aufschlußreich. Der schon erwähnte daimyo von Satsuma, der die konservative und gerade deshalb revolutionäre Politik, jedenfalls aus der Sicht der immerhin noch bestehenden Tokugawa-Regierung, in Reinkultur darstellte – Ehre dem Kaiser, hinweg mit den Barbaren, hinweg mit dem usurpatorischen Tokugawa-Shogunat – befand sich 1862 auf dem Wege von Edo nach Kyoto. Wenn einer der großen Feudalherren des Reiches reiste, war dies eine höchst eindrucksvolle Prozession, zu der auch ein beachtliches Kontingent ergebener Samurai gehörte. Diese Prätorianergarde wachte nicht nur über die persönliche Sicherheit ihres Herrn, sondern machte auch sehr deutlich, daß man Ehrerbietung und Respekt verlangte. Ein Bäuerlein, das zufällig des Weges kam, tat gut daran, sich tief in den Staub zu beugen, bis der letzte Mann der Nachhut vorübergezogen war, oder aber sich rechtzeitig seitwärts in die Büsche zu schlagen. Sonst saß der Kopf nur sehr lose auf den Schultern.

Eine Gruppe von Engländern nun, auf einem Ausritt in der Nähe von Yokohama, sah die Erfordernisse des traditionellen Protokolls in sehr viel entspannterer Weise: sie betrachteten das Schauspiel hoch zu Pferde. Ein unglaublicher Affront, und die Leibwache des daimyo verstand keinen Spaß: ein Engländer namens Richardson wurde erschlagen, mehrere andere verwundet.

Die britische Vertretung verlangte Genugtuung. Aber die Tokugawa-Regierung war nicht mehr in der Lage, Auslieferung und Bestrafung der Schuldigen durchzusetzen. Nach einigem ergebnislosen Hin und Her riß den Briten die Geduld: ein Geschwader unter Admiral Kuper segelte nach Kagoshima, dem Sitz der Satsuma, und stellte ein Ultimatum: Hinrichtung der Täter und Zahlung einer Entschädigung.

Dieses wurde abgelehnt, die Briten besetzten drei japanische Schiffe als Faustpfand, die Japaner schossen. Damit war die Situation recht eindeutig geworden. Das britische Geschwader, mit weit überlegener Feuerkraft, bombardierte die Befestigungen von Kagoshima und einen Teil der Stadt, bis Ruhe herrschte.

Soweit nicht eigentlich ungewöhnlich, jedenfalls nicht in der Zeit der Kanonenboot-Diplomatie. Doch nun kommt ein sehr japanisches Element ins Spiel. Was taten die Herren von Satsuma? Auf Rache sinnen? Weit gefehlt. Sie begriffen die Lektion militärischer Überlegenheit als Realpolitiker: hier war keine Zeit mit Haß und Rache zu verschwenden; hier war zu lernen und aufzuholen. Sehr bald wurden der britische Gesandte und der Befehlshaber der britischen Flotte nach Kagoshima eingeladen; die Royal Navy wurde das Vorbild, um eine moderne japanische Kriegsmarine aufzubauen. Die erzkonservativen, fremdenfeindlichen Satsuma, mit japanischem Pragmatismus, hatten sich um 180 Grad gedreht. Ein junger Samurai, der beim Bombardement von Satsuma gegen die Briten gekämpft hatte, wurde in England in moderner Seekriegführung ausgebildet. Offenbar nicht ohne Erfolg: gut dreißig Jahre später wurde die Flotte des Zaren bei Tsushima von den Japanern unter Admiral Togo vernichtend geschlagen. Und dieser Admiral – der Leser hat es schon erraten – war kein anderer als eben jener Samurai.

Schlüsselerlebnisse der Geschichte, die einiges über den japanischen Charakter andeuten.

Japaner, als Inselvolk par excellence, finden nicht leicht ein entspanntes Verhältnis zu Fremden. Vertraut nur mit ihrer eigenen, homogenen Welt, fehlt ihnen die Weltläufigkeit, Andersartigkeit wertungsfrei und gelassen zur Kenntnis zu nehmen; Fremdes erscheint ihnen nicht nur skurril, sondern auch barbarisch-inferior. Diese emotionale Reaktion wird aber überlagert von einem ausgeprägten Pragmatismus; wo immer ihnen Überlegenes begegnet, wird es nüchtern und realistisch anerkannt – ohne eine Spur von Resignation, sondern begriffen als Herausforderung ihrer Talente. Die unterschwellige Arroganz gegenüber allem Fremden weicht dann spontan der achtungsvollen Aufmerksamkeit des Schülers, der dem großen Meister lauscht.

Deutlich konservative Züge sind zwar vorhanden, aber der ausgeprägte Wirklichkeitssinn hält sie jederzeit anpassungsfähig – dramatische Kehrtwendungen eingeschlossen. Sie schalten schnell, sind lernbegierig – und offenbar auch fähig, Gelerntes alsbald in zweckgerichtete Aktion und in Resultate umzusetzen.

Wie passen solche Eigenschaften und Verhaltensmuster zur modernen Industriegesellschaft? Insgesamt offenbar recht gut, der Erfolg spricht für sich – ohne daß jedoch unter westlichen Beobachtern halbwegs Einigkeit bestünde, welche Faktoren, mit welchem Gewicht, für diesen Erfolg verantwortlich sind; ganz zu schweigen von der Frage, wie es weitergehen wird.

Als in den sechziger Jahren Japans enormer wirt-

schaftlicher Aufschwung unübersehbar wurde, wuchs die Zahl der Aufsätze und Bücher zu diesem Thema parallel – mit den unterschiedlichsten Schlußfolgerungen. Berichte von Industriellen, tief beeindruckt, auch eine Reihe Bücher[1], lesen sich wie die Geschichte von einem, der auszog, das Fürchten zu lernen. Andere bissen sich fest an den weniger erfreulichen, teilweise sehr bedenklichen Begleiterscheinungen rapiden Wachstums, und sahen ein Land, das in naher Zukunft in seiner vergifteten Umwelt ersticken würde – ein Selbstmordprogramm hemmungslosen, krebsartigen Wachstums. Andere sagten »bisher wirklich sehr eindrucksvoll, aber das steht auf wackligen Beinen – und kann (wird?) auch schnell wieder zusammenfallen«.[2]
Auch weniger dramatische, eher abgewogene Analysen waren zu lesen, mit dem Grundton »tatsächlich gewaltig, aber jetzt kommen auch die Probleme, und von da an wird es gemächlicher gehen«.[3] Wirklich falsch lagen nur die Umweltpessimisten. Japan ist nicht nur nicht erstickt; die Umweltverschmutzung hat sich vielmehr eindeutig gebessert, ist heute im großen und ganzen akzeptabel und bes-

---

[1] Z.B. Hedberg, Die japanische Herausforderung. Scharnagl, Japan – die konzentrierte Aggression.

[2] Brzezinski, Japan: The Fragile Flower. Gibney, Japan: The Fragile Superpower.

[3] Z.B. Der Spiegel Nr. 29/1971: Japan – Der Gigant wird kleiner

sert sich weiter. – Aber die anderen Prophezeiungen? Teils-teils:
Einige Industrien haben sich im Weltmarkt in der Tat weiter nach vorn geschoben, oft in eine fast unangreifbare Führungsposition; zu dieser Gruppe gehören Gebrauchselektronik, Kameras, Autos. Aber andere stehen unter Druck: Petrochemie, Aluminium, Textil.
Im Ergebnis richtig war die Voraussage, daß es in den siebziger Jahren nicht mehr ganz so schnell vorangehen würde; die »normale« Zuwachsrate ist nicht mehr 10 oder 12 %, sondern 5 – aber nicht aus systemimmanenten, sondern aus externen Gründen, nämlich wegen des kühleren Weltwirtschaftsklimas seit Opec. Hingegen ist das Wachstumsdifferential zwischen Japan und dem Rest der OECD mit etwa 5 % zugunsten Japans bestehen geblieben.
Und die Theorie von den wackligen Grundlagen? Sicher ist Japan noch ölabhängiger als die anderen Industrieländer; auch ein Zusammenbruch des freien Welthandels würde das Land noch härter treffen als alle anderen. Aber immerhin: die bisher erlebte Art von Ölkrise – eine *Preis*krise, keine *Liefer*krise – hat Japan in beneidenswerter Form überstanden.
In früheren Jahren hat man zur Erklärung des japanischen Erfolges auch die äußeren Umstände einbezogen, die in der Tat günstig waren: nach dem Desaster des Pazifischen Krieges war die amerikanische Militärregierung vermutlich ein Segen; die

Modernisierung des politischen und wirtschaftlichen Systems fand unter einer – konstruktiv eingestellten – höheren und unbezweifelbaren Autorität statt, sodaß sich das sicher vorhandene Krisenpotential nicht in chaotischen Formen entladen konnte. Um militärische Sicherheit brauchte man sich keine Sorgen zu machen, und die vom Koreakrieg gespeiste Hochkonjunktur brachte im genau richtigen Moment – als nämlich die Wirtschaft notdürftig wieder auf den Beinen stand – eine kräftige Initialzündung. Aber diese Erklärungen halten sicher nicht vor, wenn ein Land, das 1950 mit einem pro-Kopf-Einkommen von 150 Dollar, eigentlich unter dem Existenzminimum, begann, dreißig Jahre später zu den Spitzenverdienern zählt – oder je nach verwendetem Umrechnungskurs bereits *der* Spitzenverdiener ist –, und diesen Weg zurückgelegt hat in fast ungebrochener Stetigkeit und ohne tiefergreifende Krisen, in politischem und sozialem Frieden.

Auch die internen Rahmenbedingungen waren und sind günstig – Ausbildungsstand der Bevölkerung im allgemeinen und der werktätigen im besonderen, gut funktionierende Verwaltung, leistungsfähiges Bankensystem, um einige zu nennen. Nicht zu vergessen die politische Stabilität, die allerdings wohl nicht nur Voraussetzung, sondern auch wieder das Ergebnis der – recht gleichmäßig verteilten! – Prosperität war.

Aber ähnlich günstige Voraussetzungen gelten

auch für andere Länder, von denen manche dazu Japan einiges voraushaben (oder voraushatten) – wie eine bessere eigene Rohmaterialbasis, besser ausgebaute Infrastrukturen, höhere Forschungskapazität, breitere industrielle Erfahrung. Und doch hat Japan fast alle Länder in der industriellen Leistung hinter sich gelassen.

Offenbar sind also nicht einzelne, präzis definierbare Faktoren für den japanischen Erfolg verantwortlich, sondern eher das bessere Zusammenspiel, das Ineinandergreifen – das *System,* das die optimale Nutzung der Resourcen gewährleistet.

Diesem »System« sind die folgenden Seiten gewidmet. Es mag deshalb unlogisch erscheinen, wenn hier doch wieder einzelne Elemente des Erfolges, eines nach dem anderen, betrachtet werden; aber anders ist eine halbwegs geordnete Darstellung kaum möglich. Wenn der Leser mithilft, sollte doch hinter diesen einzelnen Elementen sehr bald auch deren Zusammenspiel, eben das japanische System, deutlich werden.

I.
Der Part der Regierung

2. Japans Uhren gingen anders . . .

»Japan Inc.« – Aktiengesellschaft Japan – ist das Stichwort, zitiert mit einer Mischung von Bewunderung und Naserümpfen. Gemeint ist eine etwas finstere, wenngleich sehr wirksame Allianz von Regierung und »big business«, die nach einem sorgfältig ausgearbeiteten Langfristplan arbeitet, verschworen, die Weltmärkte zu erobern, ausländische Konkurrenz vom eigenen Markt fernzuhalten, ohne Rücksicht die nationalen Interessen zu fördern.

Die Vorstellung vom monolithischen Japan ist zwar kräftig überzeichnet, wie sich noch an mehreren Stellen zeigen wird. Aber es ist etwas richtiges daran. Regierung und Industrie arbeiten in der Tat in Japan enger zusammen, sind stärker auf ein gemeinsames Ziel hin orientiert als anderswo. Die Diskussion über dieses speziell japanische Verhältnis ist allerdings gekennzeichnet von Mißverständnissen.

Hält man einem Japaner vorwurfsvoll das »Japan Inc.« entgegen – »bei Euch spielen Regierung und business zusammen«; Unterton: stecken unter einer Decke – trifft man auf verblüffte Verständnislosigkeit. Wahrt denn nicht jedes Land seine nationalen Interessen? Ist nicht jedes Land bemüht, Exportmärkte zu erobern? Ist es denn nicht selbstverständliche Aufgabe der Regierung, dabei zu helfen?

Wenn die Beziehung Regierung-Wirtschaft in Japan eine andere ist als in den westlichen Industrieländern, sind die historischen Gründe dafür leicht zu sehen.

Die Industrialisierung der westeuropäischen Staaten, mit England an der Spitze, und später auch der Vereinigten Staaten, fand statt unter Rechts- und Gesellschaftsordnungen – spätfeudal bis bürgerlich in Europa, demokratisch-individualistisch in Amerika –, die auf die Probleme der Industriegesellschaft nicht im mindesten eingestellt waren; ein Raum frei von anerkannten Wertmaßstäben, der von den kraftvollen Pioniergestalten aus den Flegeljahren der Industrialisierung unreflektiert-rücksichtslos ausgenutzt wurden. Staat und Gesellschaft wurden von der Industrialisierung zunächst überrollt. Erst nach und nach, unter dem Eindruck des Arbeiterelends, der schweren Verspannungen im sozialen Gefüge, formierten sich die begrenzenden Gegenkräfte.

Als der Staat seine Rolle gegenüber der Industrie gefunden hatte, war es die Rolle des Aufsehers, der im Namen des Gemeinwohls einer naiv-rüden

Hemmungslosigkeit mit schützenden und eingrenzenden Normen entgegentrat. Der Staat hatte nichts mit der *Schaffung* der Industrie, viel mit ihrer *Zähmung* zu tun; eine Entwicklungslinie, die sich etwa in den USA bis in die Gegenwart zieht.

Ganz anders in Japan. Als das Land um 1850 die Weltbühne betrat – eigentlich mehr auf die Bühne gezogen wurde – war seine Rückständigkeit auf vielen Gebieten nur zu offensichtlich. Bedenklich sah es auf militärischem Gebiet aus, aber die Lücke ließ sich mit einer entschlossenen Anstrengung bald schließen; denn es war eine starke Basis da, die Basis der soldatischen Traditionen und Tugenden einer erprobten Kriegerkaste, die militärische Denkweise. Aber ohne eine starke wirtschaftliche Grundlage würde eine moderne Armee auf schwachen Füßen stehen, und diese Grundlage konnte nur eine industrielle sein; hier aber war nichts zu modernisieren oder zu reglementieren, hier war von Null an aufzubauen.

Kein privates unternehmerisches Denken, kein Kapital, wohl aber in der gebildeten Oberschicht eine herzliche Verachtung für alles, was mit Geld zu tun hatte – keine ermutigenden Voraussetzungen. Offensichtlich mußte die Regierung die Dinge in die Hand nehmen. Und sie tat es. Ausländische Fachleute und Gelehrte wurden ins Land geholt (denen übrigens, wie man an vielen wohlgepflegten Gedenksteinen sieht, ein ehrendes Andenken bewahrt wird), Schulen und Fachschulen gegründet, eigene

Leute nach Europa und Amerika entsandt, um an der Quelle die Ingredienzien einer Industriegesellschaft zu studieren, Musterfabriken gebaut, unternehmerische Initiative ermutigt: der moderne japanische Staat hat die Industrie gezeugt, mit der Flasche aufgezogen und an der Hand geführt, bis sie laufen konnte. Der Staat hat es von Anfang an als seine Rolle angesehen, die Industrie zu entwickeln, zu fördern, weitblickend zu steuern – zum nationalen Wohl, geradezu als Überlebensbedingung; dieses in engem, vielfältigem Kontakt mit der entstehenden Industrie, in dauernder, wechselseitiger Abstimmung, um sich an die Ideallinie der Entwicklung heranzutasten. Und so ist es bis heute geblieben.

»Where the American tradition holds government and business to be perennial adversaries, in Japan they have always been closely related. – It is impossible to overestimate how this collaboration between businessmen and bureaucrats has smoothed Japan's road to industrial progress. Most of their contact, even today, is informal, conducted in thousands upon thousands of meetings, casual conversations, and semiofficial ›guidances‹. Their sum effect is to give Japan the benefits of a planned economy without either the inefficiencies or oppressiveness of a totalitarian bureaucracy.« (Frank Gibney: Japan, The Fragile Super Power).

Das partnerschaftliche Verhältnis zwischen Regierung und Industrie geht aber nicht nur auf diese historische Entwicklung zurück. In einigen Büchern über Japan, und im Gespräche mit nachdenklichen Japanern, wird man darauf hingewiesen, daß Partnerschaft tiefer und dauernder auf einem Grundzug des japanischen Wesens beruht, dem Streben nach »wa« – nach Harmonie, nach Ausgleich; oder vom Gegenpol her gesehen: dem Horror vor offener Konfrontation, einer tiefen Abneigung gegen knirschende Geräusche im Getriebe; der Erkenntnis, aufeinander angewiesen zu sein. So sei es zu erklären, daß Japaner die Zusammenarbeit suchen, den Konsens aller Beteiligten – in oft langwierigen und umständlichen Diskussionen.

Schöne heile Welt.

Leider ist es nur die halbe Welt. Wer über japanische Geschichte etwas mehr gelesen hat als die ersten Seiten dieses Buches, wer Zeitung liest, wird den Lobgesang friedlicher Harmonie vielleicht mit einigen unhöflichen Fragen ergänzen:

Waren der politischen Ruhe – einer mit Nachdruck und gelegentlich Brutalität erzwungenen Ruhe – der Tokugawa-Periode nicht Jahrzehnte blutigen Bürgerkrieges vorausgegangen? Ist nicht überhaupt die Geschichte bis dahin recht eigentlich eine Geschichte rücksichtsloser Machtkämpfe? Gab es nicht in den dreißiger Jahren, auf dem Weg zur Militärdiktatur, diese oder jene Nacht der langen Messer? Wie passen die Massenhinrichtungen von Christen in der frühen Tokugawa-Zeit ins Bild? Waren nicht die jahrelangen Auseinandersetzungen um den neuen Flughafen von Tokio von der Art, daß eine Reihe von Toten auf der Walstatt blieb? Und wie war das doch mit dem Massaker von Nanking? Hatte nicht auch die »Rote Armee Fraktion« ein Dutzend Abweichler aus den eigenen Reihen auf scheußliche Art totgeschlagen?

Ganz so weit her ist es mit der Harmonie und dem Konsens offenbar nicht. Und doch haben diese Dinge sehr intim mit »wa« zu tun. Schon die Intensität und Ausdauer, mit der die japanische Gesellschaft ihr »wa« beschwört – in kaum einer Firmenhymne fehlt das Ideal der Harmonie –, deutet darauf hin, daß es sich hier nicht um die heiter-gelassene Friedfertigkeit von Menschen handelt, die mit sich und der Welt im Reinen sind. Im Gegenteil, Japaner sind hoch emotional; in den Tiefen der japanischen Seele brodelt es stärker als in der vielleicht eines jeden anderen Volkes. Ein Hang zur Maßlosigkeit, zur Hundertzehnprozentigkeit, zur Besessenheit ist unübersehbar – im Guten wie im weniger Erfreulichen.

Die Sehnsucht nach »wa« ist echt – das instinktive Bemühen einer Gesellschaft, mit den potentiell zerstörerischen Zügen des eigenen Charakters fertig zu werden. Vor diesem Hintergrund sind die rigorosen Verhaltensmuster der japanischen Gesellschaft zu sehen: ein dicht abschließender Deckel über Emotionen, die sonst allzu leicht außer Kontrolle geraten. Nur so ist die Idealisierung disziplinierten Gehorchens zu verstehen: Korrelat einer

Neigung zur Quengeligkeit; das geduldige Bemühen um Konsens in manchmal fast endlosen Diskussionen: kontrolliertes Dampfablassen, Selbstschutz der Gesellschaft vor chaotischer Desintegration. Die sorgfältige Pflege der menschlichen Beziehungen, »nemawashi«, die umsichtige Vorbereitung größerer Eingriffe in das Leben anderer – man weiß, wie leicht die Sicherungen durchbrennen.

Wenn es also mit »wa«, mit Harmonie und Konsens eine nicht ganz so simple Bewandtnis hat, wie Japaner andere und sich selbst – denn sie sind große Meister der Verdrängung – glauben machen wollen, wenn sie mit einigen Zügen ihres Charakters offensichtlich zu kämpfen haben, dann muß man auch einräumen, daß sie darin, alles in allem, doch recht erfolgreich sind. Der Konsens, wenngleich er seinen Preis wie auch seine Grenzen hat, *ist* ein konstituierendes Element der japanischen Gesellschaft. Die Japaner haben, in weise-instinktiver Selbsterkenntnis, im Laufe ihrer Geschichte ein außergewöhnliches Talent entwickelt, diesen Konsens zu finden.

Für den *Basis*-Konsens, der Japans Nachkriegsentwicklung zugrundeliegt, bedurfte es freilich keiner langen Diskussion. Die Aufgabe lag so offen zutage, daß das nationale Ziel nicht ausdrücklich proklamiert werden mußte: »Wir wollen uns so schnell wie möglich aus dem Schutthaufen herausarbeiten und wirtschaftlich auf gesunde Füße stellen«.

Auf dieses Ziel hin hatten alle Kräfte der Nation zusammenzuspannen, insbesondere eben Industrie und Regierung, jede in ihrer naturgemäßen Funktion und Rolle. Die Vorstellung, daß eine Regierung die Industrie nicht nur ihren gesetzlichen Regeln und der dazugehörigen Aufsicht unterstellt – was sie natürlich auch in Japan tut – sondern über diesen legitimen Zweck hinaus grundsätzlich mit abwehrendem Mißtrauen behandelt, gar mit einer konfusen und unsachgemäßen Politik behindert, die zwar nicht der Absicht, wohl aber dem Ergebnis nach leistungsfeindlich, kleinlich-schikanös und kontraproduktiv ist – wie in einigen westlichen Ländern in gefährlichem Umfang –, wäre in japanischen Augen pervers.

Denn der wirtschaftliche Erfolg ist nicht das Ziel einer Interessengruppe, der Industrie, der die Regierung mißtrauisch gegenüberzustehen hat, sondern eben ein *nationales* Ziel, das *gemeinsame* Anstrengung verlangt. Der Part der Regierung ist, wirtschafts- und leistungsfreundliche Rahmenbedingungen zu schaffen, das Gemeinwohl gegenüber den Partikularinteressen zu wahren, die langfristigen Möglichkeiten und Entwicklungen zu durchdenken, die richtigen Prioritäten zu setzen, und das ihre dazu beizutragen, daß die Maschine reibungslos, insbesondere ohne soziale Spannungen, läuft.

Wie spielt die Regierung ihren Part?

3. Konsenspflege

Die großen nationalen Aufgaben mögen klar zutage liegen, der Konsens mag sich ohne viel Worte ergeben. Die Fragen des politischen Alltags hingegen sind meistens komplexer. Es fehlt ihnen auch die einigende Qualität eines nationalen Anliegens: Partikularinteressen werden ungenierter vertreten. Der Konsens stellt sich keineswegs automatisch ein. Die Konsens*bereitschaft* – im Nationalcharakter gründend – ist da, bedeutet aber nicht ohne weiteres *erzielten* Konsens, und darf auch nicht strapaziert werden: der Konsens bedarf der dauernden, umsichtigen Pflege; der Pflege durch alle Beteiligten, in einem dichten Netzwerk der Kommunikation – aber mit der Regierung in einer natürlichen Schlüsselfunktion.

Nun kann die Funktion der Regierung nicht darauf beschränkt sein, den Konsens schlechthin, *irgendeinen* Konsens zu fördern und zu pflegen. Würde die Regierung nur Seelenmassage betreiben, nur an der Mikrometerschraube des Kompromisses drehen, um das ansonsten freie Spiel der politischen

Kräfte auf einen Konsens hinzusteuern, würde dieser nach aller Erfahrung an Qualitätsmängeln leiden, nämlich verschoben

- einmal zugunsten des momentan Stärkeren; das kann eine bestimmte Industrie, eine bestimmte Gewerkschaft, irgendeine starke Gruppierung sein;
- zum anderen zugunsten der kurzfristig bequemeren Lösung.

Diese Qualitätsmängel müßten Spannungen im politischen Gewebe hinterlassen, die sich möglicherweise gefährlich akkumulieren. Die Regierung hat, kurzum, nicht nur die *Integrations*aufgabe, den Konsens schlechthin zu pflegen, sondern auch die *Führungs*aufgabe, den *sachlich richtigen* Konsens hervorzubringen.

»Sachlich richtig« ist in der Politik ein stolzes Wort. Was richtig ist, läßt sich nicht beweiskräftig beantworten – oder allenfalls nachträglich. Praktische Wirtschaftspolitik, beispielsweise, in einer hochentwickelten, modernen Volkswirtschaft hat es nicht mit einer überschaubaren Zahl isolierter Einzelfragen zu tun, mit klaren Alternativen. Die Probleme hängen zusammen, oft in der Form von Zielkonflikten: hier wird eine Frage einigermaßen befriedigend beantwortet, damit aber eine andere verschärft – z.B. kurzfristige Milderung der Arbeitslosigkeit, dafür mittelfristig ein scharfer Inflationsschub. Alle westlichen Industrieländer tun sich schwer, unter dem Druck einer ungeduldigen, auf Anspruchsdenken eingestimmten öffentlichen Meinung eine konsistente Wirtschaftspolitik zu betreiben, kurzfristige Härten gegen langfristige Lösungen – und umgekehrt – abzuwägen, richtige Prioritäten zu setzen.

Darüber hinaus auch noch den Anspruch des Konsenses zu erfüllen, den sozialen Frieden zu erhalten, Früchte und Lasten wenn nicht gleich, so doch einleuchtend zu verteilen – diese zweifache Anforderung der sachlichen Richtigkeit einer Politik und eines sie tragenden Konsenses macht die Aufgabe einer Regierung enorm anspruchsvoll.

Wie wird sie in Japan wahrgenommen? Sind Politiker hier mutiger bei den unpopulären Problemen, schielen sie weniger auf den Schlitz der Wahlurne? Nein, vielleicht eher im Gegenteil. Dennoch entledigt sich die Regierung ihrer Aufgabe in wirksamer Weise.

Zugrunde liegt die – vermutlich nicht einmal immer klar bewußte – Einsicht in die angeborene Schwäche jeder demokratischen Organisationsform, daß die Meinung der Mehrheit, oder auch die Meinung aller, nicht unbedingt die richtige sein muß – der Konflikt zwischen (ungeschultem) Konsens und Sachkompetenz; und daß die Antwort darauf nur ein *informierterer,* sachlich besser vorbereiteter Prozeß der Willensbildung sein kann.

In der praktischen Nutzanwendung dieser Einsicht ist nun interessant zu sehen, wie gerade die – in Japan ausgeprägte – Scheu der Politiker, heißere Ei-

sen anzufassen, die Qualität und Rationalität des Konsenses fördert: Die Regierung »führt« nicht mit einer mutigen eigenen Politik, sondern mit der Überzeugungskraft der Tatsachen, präsentiert mit einem unausgesprochenen und doch unüberhörbaren Appell an Sachlichkeit und Informiertheit.
Wie das? Ein Kernstück als Beispiel:
Die Wirtschaftsplanungsbehörde (EPA – *E*conomic *P*lanning *A*gency) – dem Premierminister direkt unterstehend, sozusagen *sein* Wirtschaftskabinett; der Behördenchef ist (ziemlich prominentes) Regierungsmitglied – veröffentlicht jährlich ein Weißbuch über die japanische Wirtschaft. Ein schmaler Band, in der englischen Version gut hundert Seiten, aber in konziser Sprache und in klaren Grafiken ein vollständiger Rundblick: wo stehen wir, auch im internationalen Vergleich, wie entwickeln sich die Eckdaten unserer Wirtschaft, wie hängen die Entwicklungen zusammen, wo zeichnen sich Probleme ab?
Wie haben sich beispielsweise die Löhne im Verhältnis zur Produktivität entwickelt, und was sind daher die Lohn-Stückkosten? Eine Grafik gibt Antwort:

I-2 Stabile Lohnkosten

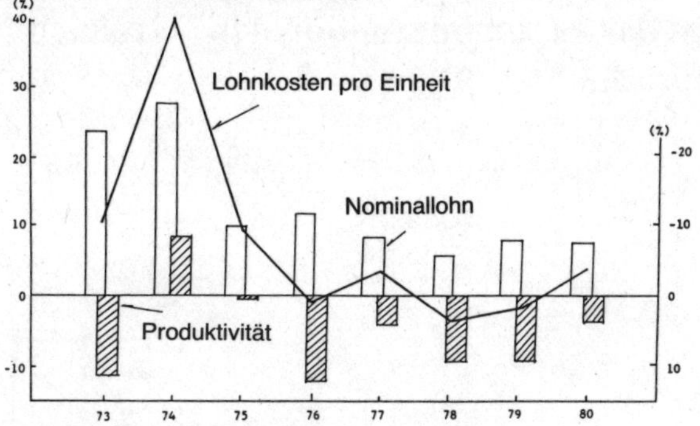

Quelle: MITI, »Handelsstatistiken«; Arbeitsministerium, »Monatliche Arbeitsstatistiken«

Wie hat unser Arbeitsmarkt die Jahre seit der ersten Ölkrise überstanden, im Vergleich zu anderen Industrieländern? – Eine halbe Seite Text, eine Tabelle, eine Seite Grafiken – ein klarer Überblick. Gehen wir mit Energie sparsamer um, oder hängen Bruttosozialprodukt und Ölverbrauch untrennbar zusammen? Eindeutige Erfolge:

II-6 Produktivität von Öl

1. Wachstum des **B**rutto**s**ozial**p**rodukts und Ölverbrauch (Veränderungsrate vom Vorjahr)

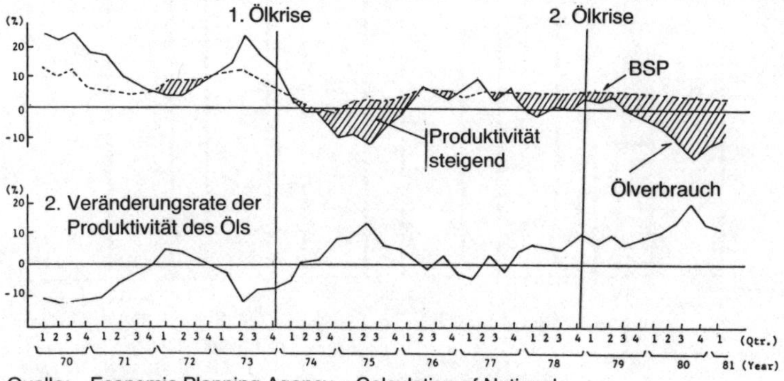

Quelle: Economic Planning Agency, »Calculation of National Economy«, MITI, »Energy Statistics«.

Reicht das aus im internationalen Vergleich? In der Stahlproduktion offensichtlich:

II-7 Energieverbrauch pro Tonne Rohstahl (in Kokskohle)

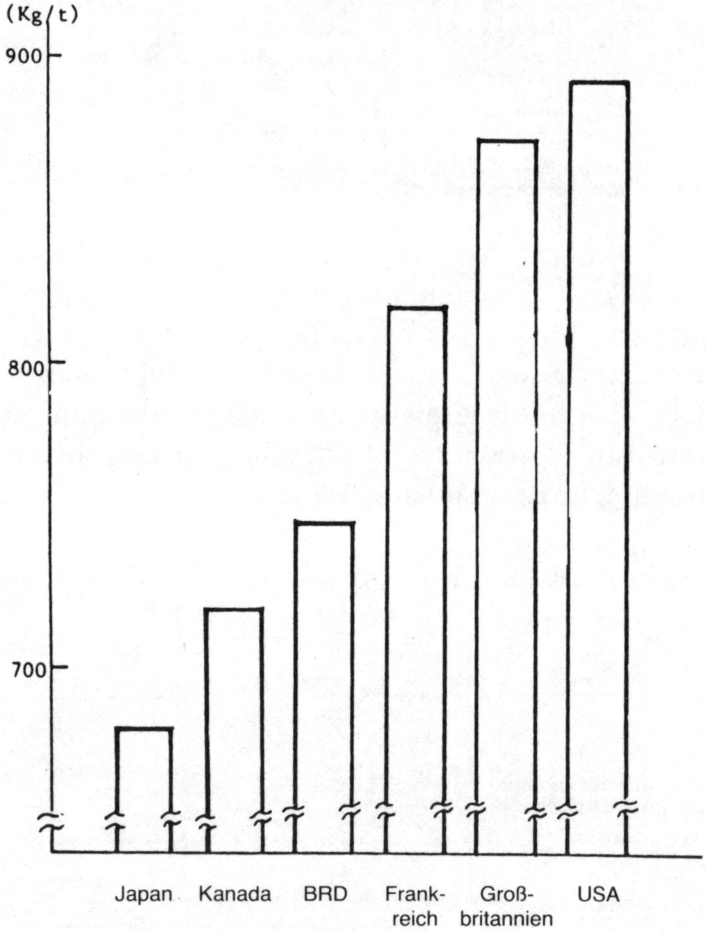

Quelle: Angaben von der International Steel Association

Tun wir genug für die Zukunft, gemessen am Aufwand für *F*orschung und *E*ntwicklung? Bedingt befriedigend:

II-7 Energieverbrauch pro Tonne Rohstahl (in Kokskohle)

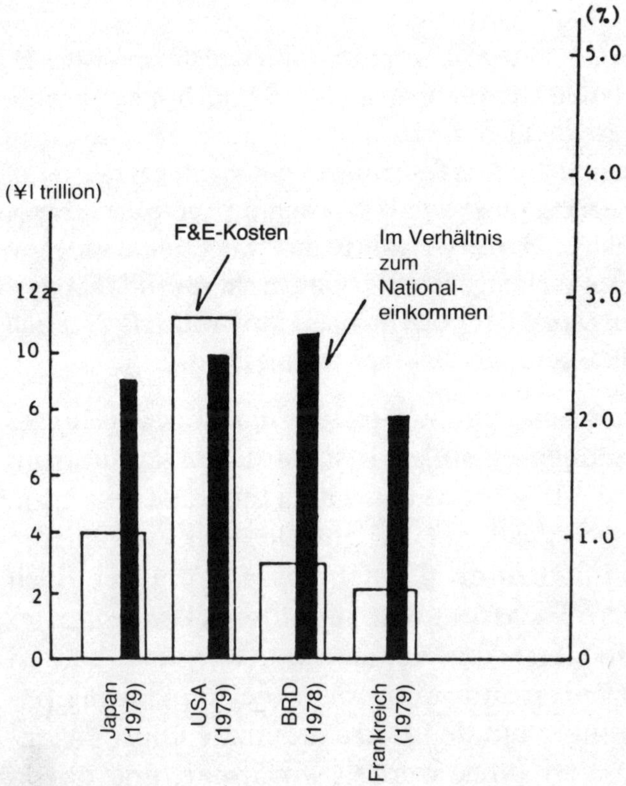

Quelle: Angaben aus Review of Scientific Technologies 1981

Und ein potentiell heißes Thema – Einkommensverteilung; zunächst werden die benutzten Referenzpunkte erläutert:

»In a process in which the trade condition worsens, the growth of net income (nominal GNP/domestic demand deflator) is not so great as that of net GNP. Therefore, all the increment of productivity (net GNP/number of employees) cannot be used to increase wages since once it is done, it strengthens inflationary pressures in the economy.

Therefore, a net wage increase ratio which keeps the labor's relative share unchanged and which may prevent an increase in the domestic inflation pressure is obtained by deducting the decrease ratio of net income (transfer of net purchasing power abroad) from the increase ratio of productivity. Here, we call it ›net wage increase ratio that does not change labor's relative share‹ and that portion of an actual net wage increase ratio which is over and above that ratio, we call ›net wage gap‹.«

Man muß sich einmal ganz klar machen, was hinter diesen schlichten volkswirtschaftlichen Erläuterungen steht. »In a process in which the trade condition worsens« – das heißt auf gut Deutsch: wir müssen für das importierte Öl mehr bezahlen, ohne doch für unsere Exporte mehr zu erlösen. Um es für jedermann ganz klar zu machen, ist die Situation noch erläutert mit »transfer of net purchasing power abroad«: um den Betrag, den die Ölproduzenten mehr erhalten, werden wir ärmer, und davon beißt keine Maus einen Faden ab. Schlußfolgerung,

hart und simpel (am Ende des ersten Absatzes): die Löhne können *nicht einmal entsprechend dem Produktivitätszuwachs* steigen, ohne die Inflation weiter anzuheizen; vom Produktivitätszuwachs ist zuvor (zweiter Absatz) die außer Landes transferierte »net purchasing power« abzuziehen. Erst damit kommt man zu dem einzig gesunden, weil inflationsneutralen Maßstab für die Einkommensentwicklung: »labor's relative share«.
Nachdem auf diese Weise der Bezugspunkt klargestellt ist, folgt die Feststellung, daß »labor's relative share« fast unverändert ist:

Es ändert sich das Verhältnis von allgemeinen Wirtschaftsbedingungen und dem Faktor Nettolöhne/Produktivität (Änderungsraten während des vergangenen Jahres)

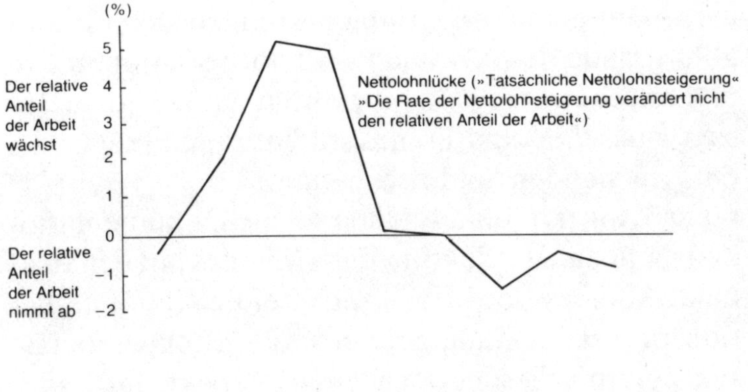

Und schließlich werden noch die Meriten dieser Situation zusammengefaßt:

»The stable trend of labor's relative share had three favorable effects.

(1) It made it possible to check any further spiraling of inflation.
(2) It contributed greatly to the stabilization of employment.
(3) It prevented large scale erosion of corporate earnings and was a major factor in promoting steady investment in plant and equipment.«

Kein Wunder, daß auf solcher Basis sehr viel sachlicher diskutiert wird. Bemerkenswert an diesem Weißbuch ist die Zurückhaltung: die Planungsbehörde entwirft nicht am grünen Tisch eine fertige Politik, sondern stellt, mit offensichtlichem Bemühen um Objektivität – und daher eben auch mit moralischer Autorität – die Fakten und Trends zusammen. Die Schlußfolgerungen drängen sich oft auf, aber gerade deshalb kann man auf jede imperative planerische Arroganz verzichten: möge jeder für sich Tatsachen und Trends studieren, und selbst die entsprechenden Schlüsse ziehen.
Gewiß, auch in Japan zählen solche Dokumentationen nicht zur Bettlektüre des »Mannes auf der Straße«. Aber es wird doch ein breiter Kommunikationsprozeß in Gang gesetzt: die Zeitungen befassen sich mit diesem oder jenem Aspekt, insbesondere natürlich mit den potentiell heißen Fragen; In-

dustrieverbände, politische Parteien, Gewerkschaftler, Volkswirtschaftler äußern sich. Das Ergebnis ist zwar nicht eine profunde Sachkenntnis breiter Kreise, aber doch – um einen juristischen Begriff zu borgen – eine »Parallelwertung in der Laiensphäre«; wenn nicht prompter Konsens, so doch Vorbereitung des Konsenses, auf der Basis von Fakten, Zahlen, Trends – und einer recht breiten, recht guten Kenntnis dieser Basis.

Beispiel: »Shunto 1982« (= Frühlingsoffensive, der inzwischen etablierte Ausdruck für die jährliche Lohnrunde):

Im Dezember 1981 eröffnen die großen Gewerkschaftsverbände die Diskussion. Tenor: kräftige Lohnerhöhungen – mit Zielvorstellungen, die je nach Temperament auf einen Satz zwischen 8 und 12% beziffert werden – in Verbindung mit Einkommensteuer-Senkungen sind das richtige, um Kaufkraft und damit Inlandsnachfrage aufzupäppeln.

Kurz darauf läßt sich Nikkeiren – das japanische Gegenstück zum Bundesverband der Deutschen Industrie – vernehmen: Lohnerhöhungen, die über das Bruttosozialprodukt-Wachstum, von der Regierung auf 5,2% veranschlagt, hinausgehen, müßten inflationär wirken. Selbst das sei eigentlich nicht der richtige Ansatz; denn dem Wachstum des BSP sei die um 1,1% angewachsene Zahl der Beschäftigten gegenüberzustellen. Die Produktivität sei also nur um 4,1% gewachsen, und *das* sei der korrekte Leitwert. (Der »net transfer of purchasing power abroad« bleibt beiseite – wohl mit Recht: die Ölpreise, in Yen ausgedrückt, sind zur Zeit dieser Diskussion praktisch stabil).

Erst dann bringt die Planungsbehörde ihre eigene Ansicht ins Spiel: Generaldirektor Komoto »erwartet« »größere« Lohnerhöhungen, um die Konjunktur anzuwärmen; die gegenwärtig niedrige Produktivität sei eine Folge der geringen Kapazitätsauslastung. Höhere Einkommen würden nicht nur höhere Nachfrage, sondern durch bessere Kapazitätsauslastung auch höhere Produktivität schaffen, seien also nicht inflationär.

Tageszeitungen greifen den Faden auf; Mainichi, englische Ausgabe, 20. Januar 1982: »We can support the Nikkeiren report which called for Prime Minister Suzuki to implement the administrative reform . . . but the report disclosed a wide gap with labor . . . Nikkeiren has called for a ›decision on wage-hike based on the productivity standard theory‹ . . . but . . . seems to ignore the fact that wages can become purchasing power and a source of active economy. . . . We believe that Nikkeiren's statements should have more dynamism. We are disappointed with the report.«

Eine außerordentlich sachliche und zivilisierte Auseinandersetzung – besonders vor dem Hintergrund von drei Jahren stagnierender oder gar – 1980 – sinkender Reallöhne. In wieviel Ländern wird zum Beispiel, wie in Japan einige Jahre, in einer Lohn-

verhandlung ernsthaft – von *allen* Beteiligten – diskutiert, welchen Anteil an der Teuerung die Ölpreiserhöhung hat, die – weil es sich um einen Vermögenstransfer ins Ausland ohne entsprechende Vermehrung des Angebots handelt – nicht inflationsneutral ausgeglichen werden kann und deshalb auch nicht ausgeglichen werden sollte?
Der Beitrag der Regierung erfordert nicht einmal besondere Courage. Die Regierung greift nicht in die Tarifautonomie ein, sie entscheidet nicht. Ihr Beitrag besteht in sachlicher, möglichst allgemeinverständlicher Information – und implicite in einem Appell an die Vernunft, das längerfristig Richtige, und nicht das momentan Bequemere zu tun. Sie schafft eine Basis an Informiertheit, ein Klima der Sachlichkeit, die das Geschäft für Demagogen schwieriger macht.
Das europäische Kontrastprogramm fällt dagegen ab. Bleiben wir bei der gleichen Sachfrage, dem Kampf gegen die Inflation. Als besonders betrübliches Beispiel könnte man Italien herausgreifen. Die Indexierung der Löhne – so wie sie 1945 eingeführt wurde, mit einer Anpassung einmal im Jahr – ließ sich verkraften, auch wenn es sich natürlich auch hier um ein Herumlaborieren an Symptomen handelte. Schlimm wurde es erst seit 1975: als die Opec-Rechnung aus der schleichenden Inflation eine trabende machte, ging man auf vierteljährliche Anpassungen über, und das noch mit einem gewissen Vorhalte-Effekt – die bequeme Lösung an der

ganz falschen Stelle. Denn diese *extern* verursachte Preiserhöhung wäre der Anlaß gewesen, die starre Indexierung zu mildern statt sie zu verfeinern, noch dazu in einer Weise, die schon die *erwartete* Inflation vorwegnimmt. In ihrer gegenwärtigen Form stellt die *scala mobile* den perfekten Inflationsautomatismus dar. Von einer entschlossenen Anstrengung der Regierung, die volkswirtschaftlichen Zusammenhänge zu erläutern, mit allen Mitteln aus dem Teufelskreis auszubrechen, war nicht viel zu sehen.

Vielleicht ist Italien, mit seinem recht speziellen Verhältnis des Bürgers zum Staat, und der eher begrenzten moralischen Autorität des Staates in wirtschaftlichen Belangen, kein sehr geeignetes Beispiel. Mit rechter Überraschung hingegen stellt man fest, daß selbst die Schweiz – sicher ein seriös administriertes Land – bedenklich weit fortgeschritten ist auf dem Wege, das Symptom zu kurieren und dem unerfreulichen Sachproblem auszuweichen. Zwar wird die Frage jetzt mit Nachdruck öffentlich aufgegriffen[1], aber kaum von einer eher passiven Regierung. So mußte denn ein Parlamentarier, der mutig das heiße Eisen anfaßte[2], zutreffend feststellen:

---

[1] Z.B. Holzach: Inflation – Krankheit oder Schicksal, Schweiz. Handelszeitung vom 25. Sept. 1981

[2] Postulat Ständerat Letsch

»Die vom Bundesrat vor den Sommerferien bekanntgegebenen Beschlüsse über die Teuerungszulagen . . . lösten wenig Lob, aber auch wenig Tadel aus. Sie wurden mit einer bemerkenswerten Dosis Resignation einfach zur Kenntnis genommen. Männiglich war sich klar darüber, daß damit zwar der weiteren Teuerung Vorschub geleistet . . . werde (!). Aber – so stellten Kommentare fest – der Bundesrat war eben der Gefangene von Sachzwängen. Gesetze hätten ihm die Beschlüsse diktiert; der Teuerungswagen rolle, er befinde sich in voller Fahrt.«[1]

Mit diesem kurzen Seitenblick auf europäische Länder möge es sein Bewenden haben; denn das harzige Problem der Inflationsbekämpfung dient nur als Beispiel für die eigentliche Frage: welchen Beitrag leistet die Regierung – mit welchem Nachdruck, welchem Geschick, welchem Erfolg – die sachlich richtigen, aber momentan etwas unbequemen Lösungen politisch verkäuflich – konsensfähig – zu machen. Japan hat sich hier offensichtlich eine ausgezeichnete Note verdient.

---

[1] Schweiz. Handelszeitung vom 30. Juli 1981

4. »Kleiner« Staat

In Japan befaßt sich der Staat seit Beginn der Industrialisierung sehr intensiv mit der Wirtschaft des Landes. Der Verdacht liegt nahe, daß dieser Staat daher schwergewichtig sein müßte, ein Riesenapparat, der – wie in fast allen westlichen Industrieländern – anscheinend unaufhaltsam weiterwuchert und einen stetig wachsenden Anteil des Bruttosozialproduktes in Anspruch nimmt.
Der Verdacht ist unbegründet; der japanische Staat ist, wenigstens vergleichsweise, überraschend klein und bescheiden geblieben, wie die Kennzahlen auf den folgenden Seiten belegen.
Das liegt nun sicher nicht an der überragenden Effizienz der Verwaltungsbehörden. Eher im Gegenteil. Die Behörden arbeiten zwar durchaus korrekt, höflich und – jedenfalls in der routinemäßigen Verwaltung ohne politische Implikationen – auch recht prompt. Aber man hat nicht den Eindruck, daß das Personal wegen Überarbeitung dem Herzinfarkt nahe wäre. Gelegentlich würde wohl auch die halbe Besetzung noch gut ausreichen.

Woran sonst liegt es also? Im letzten Grunde daran, daß die japanische Wirtschaft, einschließlich des Arbeitsmarktes, tatsächlich weitgehend Marktwirtschaft ist. Harte Stöße, die der Markt dieser oder jener Industrie austeilt, werden sicherlich oft aus sozialen Gründen gedämpft, etwa indem der Staat einer strukturell bedrängten Industrie hilft, sich an veränderte Gegebenheiten anzupassen; aber anpassen muß sie sich. Ebenso mildert der Staat – letzten Endes die Gemeinschaft der Steuer- und Beitragszahler – die Stöße des Arbeitsmarktes oder des Schicksals, die den Einzelnen beuteln; niemand leidet unverschuldet Not. Aber im harten Kern ist die Wirtschaft Marktwirtschaft. Die Industrie hat, jedenfalls auf längere Sicht, zu leben mit dem, was sie leistet oder nicht leistet. Der Einzelne hat, von der Fürsorge der Gemeinschaft in Notfällen abgesehen, zu leben mit den Gegebenheiten des Arbeitsmarktes. Leistung oder Nichtleistung ist nicht nur sozusagen das krude Rohmaterial, das dann von Politikern, insbesondere wohlmeinenden Sozialpolitikern, in einem großen Umverteilungsprozeß zu einer besseren Wirtschaft und damit zu einer besseren Gesellschaft verfeinert werden muß.

Dies ist ein fundamentaler Unterschied in der Philosophie. Das japanische System akzeptiert im Prinzip das Verdikt des Marktes; die soziale Korrektur des Marktes besteht darin, daß *subsidiär* die Gemeinschaft den Einzelnen vor unverschuldeter Not schützt. – Sozialstaat in dem Verständnis hingegen, das sich bei uns entwickelt hat, betrachtet das Marktgeschehen als *prinzipiell* verbesserungsbedürftig, wenn nicht gar als weitgehend irrelevant: das meiste des Gegenwertes, mit dem der Markt eine Leistung honoriert, wandert in den großen Topf zur Neu- und Umverteilung.

Wie sich die japanische Philosophie in der Praxis darbietet, wird uns noch im einzelnen beschäftigen. Möge es hier sein Bewenden haben mit der Feststellung, daß der japanische Staat erheblich weniger Aufgaben an sich gezogen hat als die meisten westlichen Industriestaaten. Sehr viel weniger Verantwortlichkeiten werden der Allgemeinheit aufgehalst, sondern da wahrgenommen, wo sie anfallen – beim Einzelnen selbst, oder in seinem unmittelbaren sozialen Umfeld, also in der Familie und im arbeitgebenden Unternehmen. Durch das ganze System zieht sich als roter Faden nicht der Traum sozialer Perfektion, sondern pragmatische Leistungsbezogenheit. Der Umverteilungsehrgeiz ist begrenzt.

Das hat einen doppelten Effekt: es braucht nicht den gewaltigen staatlichen Apparat, um die der Allgemeinheit überbürdeten Aufgaben und die Umverteilung zu verwalten; und es müssen auch nicht beim Einzelnen und bei den Unternehmen über Steuern und Beiträge Riesensummen zur vermeintlich gerechteren Verteilung abgeschöpft werden. Wie die folgenden Zahlen belegen: relativ kleiner Apparat, relativ bescheidene Steuern.

Öffentliche Bedienstete pro Tausend Personen Wohnbevölkerung:

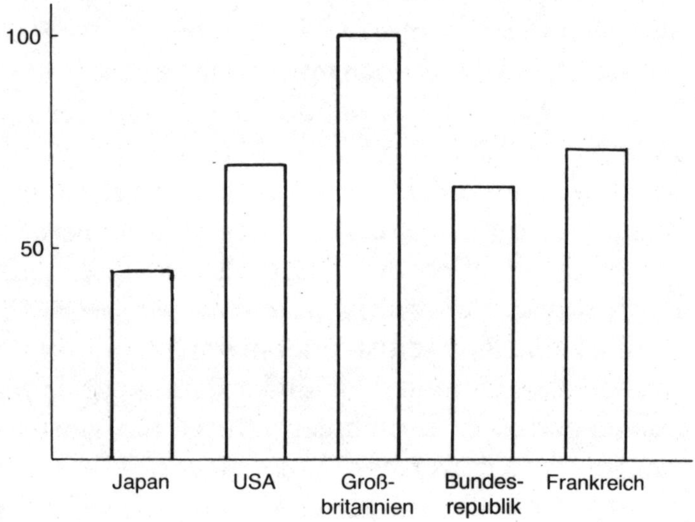

(Ohne Landesverteidigung)

Dementsprechend ist auch der Anteil der Löhne und Gehälter für das Personal der öffentlichen Dienste an den allgemeinen Regierungsausgaben relativ gering:

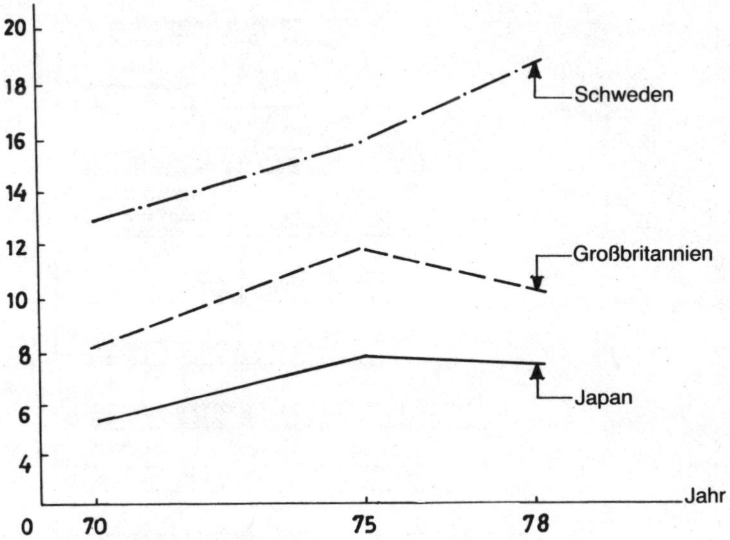

(wiederum ohne Landesverteidigung)

Und das Gesamtbild, der Anteil der Steuern und sonstiger Abgaben am Nationaleinkommen:

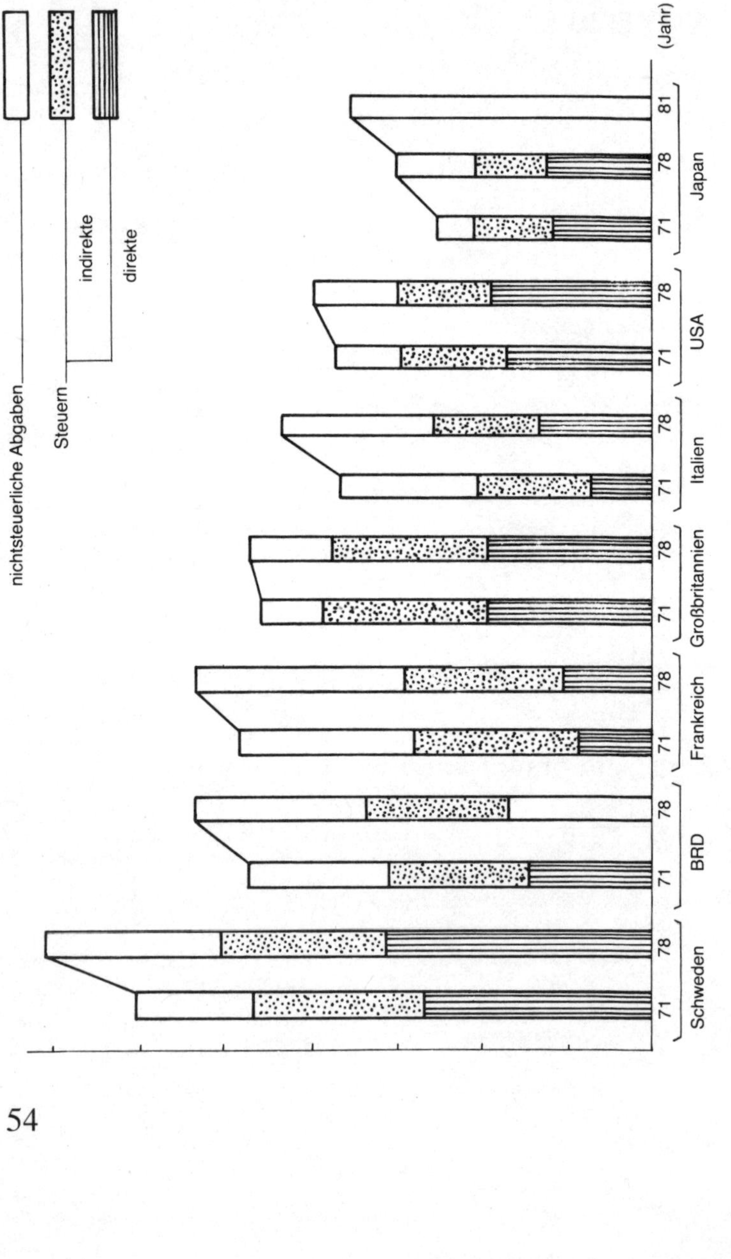

Quelle: OECD, National Account of OECD Countries

Dieses beneidenswerte Bild der Steuerbelastung verlangt allerdings zwei Anmerkungen:

– der Verteidigungsaufwand ist gering:
  Japan 0,9% vom BSP
  USA 5 % vom BSP (und wachsend)
  BRD 3,4% vom BSP
– die Defizite im Nationalhaushalt sind seit den Ölkrisen besorgniserregend gewachsen, mit einem Rekord von 39,6% des Budgets 1979, und mit immer noch 26,2% für 1981 – die kräftige Dosis Keynes in der Wirtschaftspolitik. Die nationale Verschuldung erreichte damit 82 Billionen Yen (das sind etwa 820 Milliarden DM!), der Schuldendienst 6 654 Billionen.
  – Andererseits sind aber auch wieder diese Summen vor ihrem japanischen Hintergrund zu sehen: bei einer privaten Sparquote von durchschnittlich etwa 18% in den letzten Jahren verkraftet der Kapitalmarkt solche Defizite ohne inflationäre Effekte. Ein japanisches Haushaltsdefizit ist volkswirtschaftlich etwas anderes als ein US-amerikanisches.

Ein entsprechendes Bild bietet sich naturgemäß, wenn man den Anteil der öffentlichen Hand aus der Sicht des Steuerpflichtigen betrachtet: die Bürde ist verhältnismäßig leicht, besonders für die privaten Einkommen. Ein Staat, der nicht auf breiter Front umverteilt, muß auch weniger abschöpfen.
Sieht man sich nun die Einkommensteuer im Detail an, ist nicht nur die relative Bescheidenheit der Belastung bemerkenswert, sondern ein speziell japanischer Mechanismus der Steueranpassung an infla-

tionäre Situationen. Nehmen wir praktische Beispiele – verschiedene Altersgruppen mit der für jedes Lebensalter typischen Zahl von abhängigen Familienmitgliedern, und mit Einkommen, wie sie sich in einer typischen, erfolgreichen Karriere entwickeln:

Nationale Einkommensteuer
(in Mio Yen)

Fall	1	2	3	4
Alter	30	40	50	55
Abhängige Familienangehörige	2	3	1	1
Jahreseinkommen	4,0	6,0	8,0	12,0
Einkommen nach Steueranpassungs-Abzug[1]	2,75	4,35	6,15	9,85
Pauschalabzug				
für den Steuerpflichtigen	0,29	0,29	0,29	0,29
für Familienangehörige	0,58	0,87	0,29	0,29
Abzug für Beiträge zur Sozialversicherung	0,282	0,401	0,501	0,536
Steuerbares Einkommen	1,598	2,789	5,069	8,734
Einkommensteuer	0,187	0,382	0,888	2,058

[1] Erläutert auf S. 60f.

Präfektur- und Gemeindesteuern

(in Mio Yen)

Fall	1	2	3	4
Alter	30	40	50	55
Abhängige Familienangehörige	2	3	1	1
Jahreseinkommen	4,0	6,0	8,0	12,0
Einkommen nach Steueranpassungs-Abzug[1]	2,75	4,35	6,15	9,85
Pauschalabzug für den Steuerpflichtigen	0,22	0,22	0,22	0,22
– für Familienangehörige	0,44	0,66	0,22	0,22
Abzug für Sozialversicherungs-Beiträge	0,282	0,401	0,501	0,536
Steuerbares Einkommen	1,808	3,069	5,209	8,874
Gemeindesteuern	0,089	0,185	0,371	0,732
	0,002	0,002	0,002	0,002
Präfektursteuern	0,042	0,093	0,178	0,325
	0,0005	0,0005	0,0005	0,0005
Gesamte Gemeinde- und Präfektursteuern	0,134	0,280	0,552	1,06

[1] Erläutert auf S. 61f.

Gesamtbelastung

(in Mio Yen)

Fall	1	2	3	4
Alter	30	40	50	55
Abhängige Familienangehörige	2	3	1	1
Jahreseinkommen	4,0	6,0	8,0	12,0
Gesamte Einkommensteuern	0,3212	0,6623	1,4408	3,1193
in Prozent vom Einkommen	8	11	18	26
Beiträge zur Sozialversicherung	0,282	0,401	0,501	0,536
Netto-Einkommen nach Steuern und Sozialversicherungsbeiträgen	3,397	4,937	6,058	8,345
in Prozent vom Brutto-Einkommen	85	82	76	70

Das interessante Phänomen ist hier die in den beiden ersten Tabellen ausgewiesene Position »Einkommen nach Steueranpassungs-Abzug«. Sie spiegelt die japanische Empfindlichkeit gegen die sog. kalte Progression – die höhere Steuerbelastung für nominell gestiegene, real aber stagnierende oder jedenfalls schwächer gestiegene Einkommen –, die bei uns mit gelegentlichem Zähneknirschen, aber ohne politisch ins Gewicht fallenden Widerstand akzeptiert wird.

Nicht so in Japan. Die »kalte Progression« wird von den Steuerpflichtigen klar erkannt als das, was sie tatsächlich ist, nämlich eine de facto-Steuererhöhung, und es formiert sich alsbald eine massive politische Bewegung, wenn dieses Nebenprodukt der Inflation nicht eliminiert wird. So ist es in der Tat eine Art Gewohnheitsrecht geworden, daß vom Einkommen für die Zwecke der Einkommensteuer derjenige Teil abgezogen wird, der nicht reale Einkommenserhöhung darstellt – praktisch also ein Abzug in Höhe der Inflationsrate.

Die Prozedur, aus der sich die für Anfang 1982 geltenden Zahlen der Tabellen ergeben, ist folgende:

Für Jahreseinkommen von
3 000 000 – 5 999 999:
Einkommen × 0,8 minus 450 000 = angepaßtes Einkommen
6 000 000 – 9 999 999:
Einkommen × 0,9 minus 1 050 000 = angepaßtes Einkommen
über 10 000 000:
Einkommen × 0,95 minus 1 550 000 = angepaßtes Einkommen

Nun wurde, unter dem Druck des nationalen Haushaltsdefizits, fünf Jahre lang keine Anpassung vorgenommen, und entsprechend blieb auch das Schwelleneinkommen, bei dem die Einkommensteuerpflicht beginnt, das gleiche – 2 015 000 für einen Steuerpflichtigen mit Frau und zwei Kindern. An dieser Situation hat sich eine lebhafte politische Debatte entzündet; nicht zu unrecht wird darauf verwiesen, daß allein 1981 1 180 000 Personen mehr einkommensteuerpflichtig wurden. Die vox populi – mit der gesamten Industrie, allen Gewerkschaftsverbänden, der ausnahmsweise geeinigten Front der Oppositionsparteien, der Planungsbehörde und sogar einigen Kabinettsmitgliedern als Sprachrohr – war im Frühjahr 1982 so lautstark zu vernehmen, daß die Regierung keine Wahl hatte – Haushaltsdefizit hin oder her.

Das formelle Haushaltsrecht liegt beim Parlament; aber das Publikum hat ein sehr wachsames Auge auf die Kasse, und politisch gesehen auch das letzte Wort. Insoweit ist Japan keine repräsentative, sondern eine direkte Demokratie.
Ebenso wird deutlich, daß der Staat möglicherweise nicht nur aus weiser Selbstbeschränkung »klein« ist: das Volk achtet, mit dem Kassenschlüssel in der Hand, auf vernünftige Proportionen. Gleichzeitig wird die Regierung zu seriösem Wirtschaften angehalten: eine Wirtschaftspolitik der Gefälligkeit und Bequemlichkeit, bei der die nachfolgenden Haus-

haltsschwierigkeiten durch einen recht bereitwillig akzeptierten Inflationsschub vertuscht werden, weil sich auf diese Art unbemerkt die realen Einkommensteuern erhöhen, hat in Japan kurze Beine; denn hier bleibt dieser fragwürdige Ausweg eben nicht unbemerkt. –

Im Gegensatz zur Einkommensteuer bietet die Besteuerung der Unternehmen kaum Besonderheiten und Überraschungen. Die Körperschaftssteuer als solche ist relativ mild:

30 % für Gewinne bis zu 8 000 000
42 % für Gewinne über 8 000 000

Dazu kommt aber eine »Unternehmenssteuer«, die von den Präfekturen festgesetzt und erhoben wird und daher auch nicht landeseinheitlich ist. Da diese Steuer ebenfalls auf den Unternehmensgewinn erhoben wird, muß man sie mit der Körperschaftssteuer zusammen sehen. Allerdings wird mit dem Steuersatz erheblich stärker zwischen großen und kleinen Unternehmen differenziert. Ein repräsentatives Beispiel:

6 % des Gewinns bei einem Kapital bis 3 500 000
9 % des Gewinns bei einem Kapital bis 7 000 000
12 % des Gewinns bei einem Kapital über 7 000 000

Auch damit ist die Steuerrechnung noch nicht abgeschlossen. Präfekturen und Gemeinden erheben eine »Residenzsteuer«; ein Beispiel:

Residenzsteuer der Präfektur – 6 % der Körperschaftssteuer
Residenzsteuer der Gemeinde – 14,7% der Körperschaftssteuer

Für ein Großunternehmen ergibt sich dann eine ansehnliche Gesamtbelastung, die mit unserer Körperschafts- plus Gewerbesteuer zu vergleichen wäre; das folgende Beispiel gibt die maximal mögliche Belastung wieder (die sog. Ausgleichssteuern, die von vielen Präfekturen und Gemeinden erhoben werden, aber praktisch nicht ins Gewicht fallen, bleiben hier außer Betracht):

Unternehmensgewinn	2 030 000 000
Körperschaftssteuer	852 600 000
Unternehmenssteuer	267 960 000
Residenzsteuer der Präfektur	51 156 000
Residenzsteuer der Gemeinde	125 332 200
Alle Steuern	1 297 048 200

Das stellt eine Steuerbelastung von 63,9 % dar. Das läßt sich nun keineswegs als besonders bescheiden bezeichnen. Aber zu einem realistischen Vergleich mit der Belastung in anderen Ländern sind zwei gewichtige Anmerkungen notwendig.

– Die steuerlichen Abschreibungsregeln sind insgesamt eher großzügig. Die generelle Anwendung der degressiven Abschreibung kommt der fortwährenden Modernisierung der Produktionsanlagen entgegen. Die zugrundegelegte Nutzungsdauer für Investitionsgüter läßt sich kaum beanstanden.

Beispiele:	Nutzungs-dauer	Abschreibungs-satz
Gabelstapler	4 Jahre	43,8 %
Lastwagen	5 Jahre	36,9 %
Produktionsmaschinen der Pharma-Industrie	7 Jahre	28,0 %

Noch verständnisvoller ist die Behandlung von Industrien in rapider technischer Entwicklung: mit den Steuerbehörden lassen sich besondere Abschreibungssätze vereinbaren, wenn es entweder keine anwendbaren Richtsätze gibt, oder wenn sich glaubhaft machen läßt, daß bestimmte Anlagen vermutlich rascher obsolet werden.

– Die Bezugsgröße Unternehmensgewinn ist nicht die gleiche wie bei uns – was mit den (im nächsten Kapitel noch zu erläuternden) Finanzierungsmethoden zusammenhängt: das typische japanische Unternehmen hat nur ein sehr bescheidenes Eigenkapital, das mit einer Dividende zu bedienen ist. Der weitaus größte Teil des Kapitals ist Fremdkapital – Bankkredite –. Die Zinsen dafür sind steuerlich Aufwand, der *vor* Ermittlung des steuerbaren Gewinns in die Unternehmensrechnung eingeht. Das mit einer breiteren Eigenkapitaldecke ausgestattete Unternehmen hingegen muß sein Kapital aus versteuertem Gewinn bedienen . – Dies hat einen weiteren Aspekt: der ausgewiesene Gewinn hängt – in Japan wie anderswo – nicht unerheblich von Bewertungen ab und läßt sich daher in gewissen Grenzen beeinflussen. Die besonderen Kapitalverhältnisse in Japan gestatten nun, diesen Spielraum voll auszunutzen, also weniger Steuern zu zahlen und dafür stille Reserven zu bilden: der Gewinn, den das Unternehmen sozusagen ausweisen *muß*, um das haftende Kapital angemessen bedienen zu können und so sein »standing« in der Finanzwelt zu erhalten, ist in Japan gering. Bei der sehr viel solideren Eigenkapitalbasis der meisten europäischen Unternehmen hingegen ist der für eine standesgemäße Dividende erforderliche und auszuweisende Unternehmensgewinn so groß, daß für die stillen Reserven oft nichts mehr bleibt.

Alles in allem: der japanische Staat ist, gemessen an seinem Anteil am Bruttosozialprodukt, ein relativ kleiner und bescheidener Staat. Die Steuersätze lassen Unternehmen und Privaten einen angemessenen Spielraum, Kapital zu bilden. Eine hellwache öffentliche Meinung sorgt dafür, daß es so bleibt.

5. Wirtschaft und Wirtschaftspolitik – die Grundlinien

Die Wirtschaftspolitik der Regierung erschöpft sich nun keineswegs darin, einen konstruktiven Beitrag zur Konsensbildung zu leisten, und mit verhältnismäßig bescheidenen Steuerforderungen den Unternehmen wie den Privatpersonen Luft zur Kapitalbildung zu lassen. Ganz im Gegenteil. Die Regierung hat, im Grundsätzlichen, ein klares Konzept und behält die Entwicklung nicht nur aufmerksam im Blick, sondern mit wirksamen Steuerungsinstrumenten auch jederzeit im Griff.

Dieses ausgeprägte Bedürfnis, die Dinge in der Hand zu behalten, hier zu fördern, dort zu bremsen, bei Fehlentwicklungen sofort gegenzusteuern, sei es durch gezielte Einzelaktion, sei es durch Änderungen in den Rahmenbedingungen – diese auf Schritt und Tritt spürbare Einstellung, für die Entwicklung verantwortlich zu sein – hängt natürlich wieder mit den Anfängen der modernen japanischen Wirtschaft zusammen: nicht nur geht die Industrialisierung überhaupt auf einen politischen Entschluß der Regierung zurück, nicht nur hat der Staat sich in der Ausführung höchst aktiv engagiert – er hat dies auch von einer äußerst schmalen Basis aus tun müssen, mit einem sehr bescheidenen Steuer- und einem noch bescheideneren Devisenaufkommen: von Anfang an war notwendigerweise die Aufmerksamkeit darauf gerichtet, die begrenzten Mittel so effizient wie möglich einzusetzen, Fehlentwicklungen so früh wie möglich zu erkennen und zu korrigieren.

Die Substanz der Wirtschaftspolitik läßt sich, recht akkurat, auf eine kurze Formel bringen: langfristig – strategisch – eindeutig »supply-side economics«, an denen Präsident Reagan seine Freude hätte; mit einer taktischen Dosis Keynes, wenn immer eine schwache Konjunktur an der Heimatfront es erfordert, also Nachfragestimulierung mit einem Haushaltsdefizit.

Strategisch also »supply-side economics«: ständiger Ausbau, ständige Modernisierung der Produktionsbasis. Auch dies hat sicher mit den historischen Anfängen zu tun: bei einem Start von Null würde eine Wirtschaftspolitik durch Steuerung der Nachfrage im luftleeren Raum hängen; zunächst war eine Produktionsbasis zu schaffen. Aber inzwischen ist ein Jahrhundert vergangen, eine eindrucksvolle Produktionsbasis ist vorhanden; gleichwohl wird weiter massiv und auf Weltrekord-Niveau investiert – die Sparrate insgesamt liegt, wenngleich seit 1970 wieder tendenziell sinkend, immer noch über 20%:

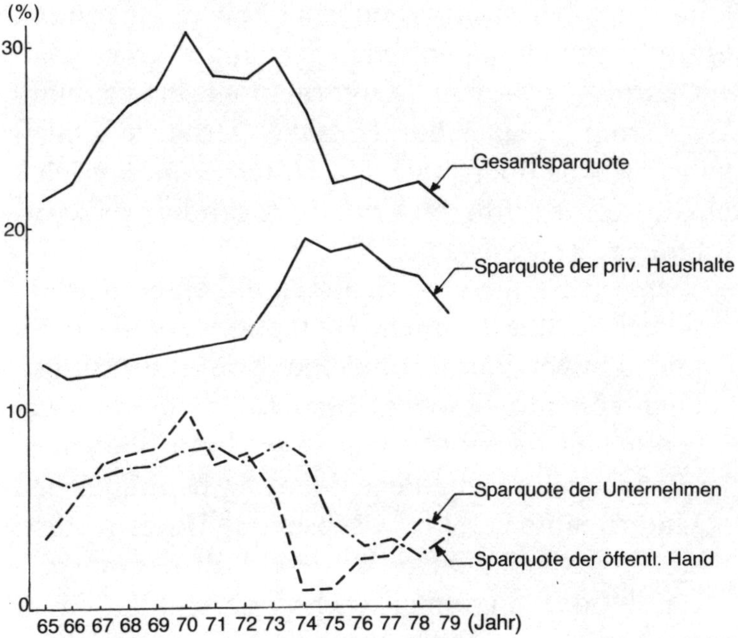

Quelle: Economic Planning Agency, "Calculation of National Economy".

Hier wirken nun in der Tat mehrere speziell japanische Elemente in einer Weise zusammen, die Wachstum über lange Strecken fast zu einem perpetuum mobile machen. Die meisten dieser Elemente werden uns noch im einzelnen beschäftigen; an dieser Stelle seien sie nur skizziert, damit der mit Japan kaum vertraute Leser nicht die Orientierung verliert.

Die zunächst von der Regierung lancierten »supply-side economics« wurden von der entstehenden Industrie vorbehaltlos als Grundkonzept aufgegriffen, und dabei ist es bis heute geblieben. Aus gutem Grund; denn im japanischen System ist das Kausalverhältnis zwischen Unternehmenserfolg und Wachstum in mancher Hinsicht geradezu umgekehrt. Etwas überspitzt: ein Unternehmen wächst nicht, weil es erfolgreich operiert, sondern es ist erfolgreich, weil es wächst:

- Das wachsende Unternehmen hat einen Kostenvorteil in den Löhnen. In Japan werden Schul- und Universitätsabsolventen direkt rekrutiert, beginnen mit bescheidenem Lohn, der im wesentlichen altersabhängig steigt, und bleiben in aller Regel bis zur Pensionierung beim gleichen Unternehmen. Das wachsende Unternehmen stellt also mehr junge Leute ein als das stagnierende oder langsamer wachsende und hat damit ein geringeres Durchschnittsalter – was gleichbedeutend ist mit einer geringeren Lohnquote. Gleichbedeutend aber auch mit aggressiverer und kreativerer Leistung und einer Vorbildung, die mehr up-to-date ist als die einer älteren Belegschaft.
- Das wachsende Unternehmen hat weiter den Kostenvorteil des großen Produktionsvolumens, der »economics of scale«. Diese Kostendegression ist zwar kein japanisches, sondern ein universelles Phänomen; es wird aber in Japan kühner genutzt.

Die westliche Denkweise, in die Kapazität zu investieren, wenn Nachfrage da ist oder erwartet wird, wirkt im Vergleich eher statisch. Japanische Unternehmen haben weniger Hemmungen, den Anzug eine Nummer größer zu schneidern, im sozusagen aggressiven Vertrauen darauf, daß Nachfrage nicht eine vorbestimmte Größe ist, sondern bei attraktiven Preisen bald in den Anzug hineinwächst. Aggressiv ist daher die Preispolitik von Anfang an: der Akzent liegt nicht darauf, eine neue Anlage so bald wie möglich zu amortisieren, sondern Volumen zu sichern, Marktanteile zu gewinnen.

Ein Selbstverstärker-Effekt liegt darin, daß Kapazitätsinvestitionen immer auch Rationalisierungsinvestitionen sind (und nach aller Erfahrung fast immer auch umgekehrt): die neue Anlage ist die effizientere; der resultierende Kostenvorteil erlaubt wiederum noch aggressivere Preise.

Wenn die Nachfrage einmal nicht Schritt hält, führt die im Prinzip lebenslange Anstellung zur Flucht nach vorn. Löhne werden bei Unkündbarkeit praktisch zu Periodenkosten; solange ein Preis noch die (in dem rascher gewachsenen Unternehmen relativ niedrigen) variablen Kosten deckt, ist er für das Unternehmen noch interessant: außerordentlich aggressive Preise knapp über den variablen Produktkosten, was zwar nicht endlos durchzuhalten ist, aber nicht mitgewachsene Wettbewerber mit weniger günstiger Kostenstruktur schnell aus dem Markt drängt.

Große Frage des konservativer eingestellten Managers: wie wird der offenbar doch gewaltige Kapitalbedarf einer forcierten Expansion gedeckt? Aggressive Preispolitik bedeutet doch schmale, oft nichtexistente Gewinnmargen. Kann das investierte Kapital angemessen bedient werden? Gibt es überhaupt genügend Kapitalgeber, die den Husarenritt mitmachen?

Es gibt sie. Aber auch hier sehen die Dinge in Japan wieder recht ungewöhnlich aus. Ein Blick auf die Bilanz selbst erstklassiger Firmen fördert die ganze schreckliche Wahrheit zutage – oder was doch dem »ordentlichen Kaufmann« konservativerer Schule so vorkommen muß: ein Fremdkapitalanteil von 80 % ist keineswegs ungewöhnlich. An die Einhaltung der klassischen Regel, mindestens das Anlagevermögen durch Eigenkapital abzudecken, ist gar nicht zu denken. Schlimmer noch: das Fremdkapital besteht nicht etwa aus Anleihen oder anderen langfristigen Finanzierungsinstrumenten, mit einer Abstimmung der Fälligkeit auf die Abschreibungsdauer der Anlagen, die damit finanziert werden, sondern aus kurzfristigen Bankkrediten.

Ein haarsträubendes Bild – solange man es nicht im Kontext sieht. In den Anfängen der Industrialisierung gab es keinen Kapitalmarkt, der langfristiges Kapital hätte zur Verfügung stellen können. Kurzfristige Bankkredite sind traditionell das wichtigste Finanzierungsinstrument. Was aber zunächst eher eine Not war, ist heute eine Tugend:

- Bankkredite stellen eine billige Finanzierung dar. In »normalen« Zeiten zahlen erstklassige Schuldner vielleicht 3% über der Inflationsrate, in den kurzen Perioden galoppierender Inflation, wie besonders nach der ersten Ölkrise, weit darunter. Anfang 1982 lag die »prime rate« zwischen 7 und 8%, die Inflationsrate bei knapp 5. Die vom Kreditnehmer gezahlten Zinsen sind Aufwand, der *vor* Ermittlung des steuerbaren Gewinns geleistet wird.
- Für haftendes Kapital hingegen, das mit einer Rendite bedient werden soll, die einen angemessenen Prozentsatz über der von Anleihen und Festgeld liegt, sieht es sehr viel ungünstiger aus: hält man 10% für angemessen, dann muß das Unternehmen – bei einer Belastung durch Körperschaft- und lokalen Steuern von etwa 50% – für diese Bedienung des Aktienkapitals 20% vor Steuern verdienen.

Hinzuzufügen ist noch, daß bis vor einigen Jahren eine Art Gewohnheitsrecht galt – teilweise sogar in den Statuten der Aktiengesellschaften niedergelegt – nach dem junge Aktien den Aktionären zu pari anzubieten waren – was naturgemäß bei einer Börsennotierung von, sagen wir, 500 zu einer rapiden Verwässerung der Kapitalbasis führt. Zwar gilt dieses »Gewohnheitsrecht« auf Ausgabe zu pari heute

nicht mehr im gleichen Maße, aber immer noch muß die Geschäftsleitung mit Unmutsäußerungen der Aktionäre rechnen, die sich bei einem höheren Ausgabekurs übervorteilt fühlen. In diesem Punkt neigen japanische Aktionäre offenbar zur gleichen Milchmädchenrechnung wie bei uns. In jedem Fall tragen diese Gewohnheiten nicht dazu bei, die Kapitalbeschaffung über die Ausgabe neuer Aktien bei den Geschäftsleitungen populärer zu machen.
Die Kurzfristigkeit der Bankkredite ist weitgehend theoretisch. Zunächst einmal kommt eine sozusagen menschliche Komponente des japanischen Geschäftslebens ins Spiel: mit seinen Geschäftspartnern hat man nicht so sehr eine vom Juristischen bestimmte vertragliche Beziehung, sondern eben eine partnerschaftliche, je länger desto ausgeprägter. Keine Bank würde einen Kredit kündigen, sofern sich nicht die Verhältnisse drastisch geändert haben (umgekehrt behandelt das Unternehmen seine Hausbank pfleglich: oft wird ein Kredit in Anspruch genommen, auch wenn das Unternehmen ihn nicht braucht; es unterhält dann gleichzeitig ein viel niedriger verzinsliches Habenkonto). – Aber bei den oft gewaltigen Beträgen, die ein großes Unternehmen bei Parforce-Wachstum braucht – Größenordnungen, die auch für eine Großbank gefährlich werden können – kommt etwas anderes hinzu: ein solcher Großkredit ist eigentlich nicht ein Kredit dieser Bank, sondern gewissermaßen ein Kredit Japans. Keine Bank würde sich in diesem

Maße engagieren, würde nicht ein japanischer Konsens dahinterstehen – ein Konsens, der nicht nur die Bank of Japan und das Finanzministerium einbezieht, sondern auch Miti (dem noch ein eigenes Kapitel gewidmet wird) für industriepolitische Aspekte: ist das kreditsuchende Unternehmen mit seinem Projekt tatsächlich ein überzeugender Kandidat für forciertes Wachstum? Gehört es zu einer Zukunftsindustrie mit entsprechendem Nachfrage-Potential? Hat es die sonstigen Ressourcen, die es ja auch braucht? – Sind alle Fragen positiv beantwortet, beruht also ein großes Projekt auf einem wirtschaftspolitischen Konsens, dann ist es keine Katastrophe – weder für das Unternehmen noch für die Bank –, wenn die Dinge nicht völlig glatt laufen; denn es ist ja ein japanisches Projekt.

Die Regierung hält also, indirekt, den Schlüssel zur Kasse und hat damit für die beiden wichtigsten Komponenten der Wirtschaftspolitik außerordentlich wirksame Steuerungsinstrumente in der Hand:

(i) Industriepolitik. Kapital, immer eine begrenzte Ressource, wird dahin geschleust, wo die langfristigen Wachstumschancen liegen; es wird umgekehrt den »sunset«-Industrien vorenthalten, oder doch nur in begrenztem Maße etwa für ein Schrumpfungs/Konsolidierungsprogramm zugebilligt, nicht für einen – vielleicht kurzfristig noch durchaus möglichen – Wachstumsprozeß.

(ii) Konjunkturpolitik. In einer Wirtschaft, die stark über kurzfristige Bankkredite fremdfinanziert

ist, und die gleichzeitig – weil auf größeren Marktanteil hin operierend – mit schmalen Gewinnmargen arbeitet, haben Änderungen der Zentralbankrate naturgemäß eine nachdrückliche Wirkung. Eine überhitzte Konjunktur kühlt in Japan schnell ab, wenn die Bankzinsen um 2% steigen; zwar kann man in einer »supply-side«-Wirtschaft mit ihren Reserven an Produktionskapazität die Konjunktur ziemlich lange auf hohen Touren laufen lassen, ohne daß sich der inflationäre Druck gefährlich verschärft – aber einige Male in der Nachkriegszeit hat es die Regierung für angebracht gehalten, in dieser Weise auf die Bremse zu treten. – Oft lassen sich die Ziele der Konjunkturpolitik mit denen der Industriepolitik wirksam kombinieren: eine heißlaufende Konjunktur bedeutet einen angespannten Arbeitsmarkt – der geeignete Zeitpunkt, den Schrumpfungsprozeß der »sunset«-Industrien ohne soziale Härten zu beschleunigen. Die stärkere Zinsbelastung setzt die marginalen Unternehmen unter Druck; gehen sie unter, nimmt der angespannte Arbeitsmarkt die bisher dort Beschäftigten willig auf. Überleben sie, werden sie jedenfalls ihr Rekrutierungsprogramm beschneiden oder ganz suspendieren, womit der neu auf dem Arbeitsmarkt erscheinende Jahrgang von selbst seinen Weg zu den Wachstumsindustrien findet.

Große Frage im Hintergrund: wenn sich die Industrie weit überwiegend über Bankkredite finanziert – wie fließen den Banken diese gewaltigen Mittel zu? Auf eine erzsolide Art: aus Spargeldern, vorwiegend privaten, und hier wiederum vorwiegend den Spargeldern des Normalhaushaltes, wie die Grafik am Anfang dieses Kapitels zeigt. Die Sparform des Japaners ist die Festgeldanlage bei der Bank und bei der Post. Die Realrendite ist mäßig oder Null – die Zinsen liegen etwa auf dem Niveau der Inflationsrate. Immerhin, das Geld behält – abgesehen von den kräftigen Inflationsschüben wie zum Beispiel nach der ersten Ölkrise – seinen Realwert; denn um Steuern braucht sich der Normalsparer keine Sorgen zu machen: die Zinserträgnisse aus 3 Millionen Yen sind steuerfrei. Supply-side economics: das System setzt keine Prämie auf forcierten Konsum, indem es zum Beispiel *Schuld*zinsen steuerlich abzugsfähig macht; im Gegenteil, steuerlich begünstigt ist der Konsumverzicht – das Sparen.

Warum sparen die Japaner aber derart fanatisch? Steueranreize gibt es auch in einigen westlichen Ländern, und doch ist die Sparrate geringer.

Die Antwort ist einfach: Japaner sparen, weil sie müssen. Der relativ bescheidene Teil des Volkseinkommens, den der Staat über die Steuern in Anspruch nimmt, läßt bereits vermuten, daß es den hochentwickelten – mindestens den überentwickelten – Sozialstaat nicht gibt. Das System ist leistungsbezogener, wie noch zu zeigen sein wird, und es überläßt insbesondere einen erheblichen Teil der Altersvorsorge dem Einzelnen. Wer im Alter nicht nur leben, sondern einigermaßen komfortabel leben will, muß selbst mit vorsorgen. Diese Vorsorge ist aber nicht nur *nötig,* sondern – wegen der bescheidenen Steuern – auch *möglich.*

6. Industriepolitik

Weist schon das wirtschaftliche und wirtschaftspolitische Szenario im allgemeinen speziell japanische Züge auf, so gilt dies noch mehr von einem Sektor der Wirtschaftspolitik, der den japanischen Erfolg zu einem erheblichen Teil miterklärt, und mit dem man sich daher etwas ausführlicher befassen muß – mit den japanischen Wegen, längerfristige Entwicklungen abzuschätzen, Ziele zu formulieren, Zersplitterung von Kräften und andere Fehlentwicklungen zu verhindern, wenn nötig auch schon einmal eine hilfreiche protektionistische Hand zu leihen; kurzum – mit der japanischen Industriepolitik.

Die erste Frage ist hier nicht, *wie* die Regierung Industriepolitik betreibt, sondern *wer*.

a) Wer ist das eigentlich – »die Regierung«?

Jedenfalls nicht dasselbe wie bei uns. Regierung in unserem Verständnis ist das Kabinett; Schwerpunkt: der Regierungschef. »Der Bundeskanzler bestimmt die Richtlinien der Politik«. Der amerikanische Präsident tut dies in noch ausgeprägterem

Maße. Auf Japan übertragen: ein Mißverständnis, besonders wenn es sich um ein Fachgebiet, hier eben Industriepolitik, handelt.
Typische Situation (in dieser Form nicht historisch, sondern zusammengezogene Erfahrung): der japanische Premierminister konferiert mit, sagen wir, dem amerikanischen Präsidenten. Dieser hat eine Reihe von Klagen, die mit dem unausgeglichenen Außenhandel zu tun haben. Sein japanischer Partner äußert ein gewisses Verständnis und fühlt sich dabei offensichtlich sehr unwohl in seiner Haut, denn anscheinend erwartet man von ihm mehr: eine klare Stellungnahme, was bis wann zur Abhilfe geschehen wird. In die Ecke gedrängt, wird er möglicherweise einiges sagen, was sich wie ein Versprechen anhört.
Gemäßigt freundliche Zeitungskommentare in Amerika, weniger freundliche in Japan. Und was geschieht? Nichts, sicher nicht sofort. Ärgerliche Enttäuschung in USA, ein belastetes Verhältnis. Vielleicht *mußte* der amerikanische Präsident, z. B. aus wahlpolitischen Motiven, massiv werden; vielleicht hat er aber auch tatsächlich geglaubt, mit dem Mann der letzten Entscheidung zu sprechen und nicht geahnt, was sein Partner vermutlich gedacht hat: »Mann, löchere mich nicht pausenlos. Ich habe begriffen, wo Euch der Schuh drückt. Nachdem Ihr nun schon vor aller Öffentlichkeit eine peinliche Situation geschaffen habt, und wir ja kaum mit einem offenen Eklat auseinandergehen

können, muß ich wohl oder übel mitspielen und werde daher ein paar vage-zustimmende Geräusche von mir geben. Tatsächlich werde ich mir, erst in einem ganz engen Kreis von Vertrauten, und später mit den Stammesfürsten meiner Partei, die Sache durch den Kopf gehen lassen; wir werden uns dann vermutlich einigen können, was von Euren Forderungen – und mit welchem Nachdruck – wir in den Prozeß unserer Entscheidungsbildung einbringen werden. Und nun laßt mich bitte in Ruhe zu Ende essen; die Situation ist nachgerade peinlich genug.«

Denn der japanische Premierminister *hat* nicht entschieden, *kann* Sachfragen dieser Art gar nicht entscheiden. Er kann es nicht in seiner voraussichtlich kurzen Amtszeit – in den siebziger Jahren durchschnittlich zwei Jahre; die Leute von den anderen Flügeln der Regierungspartei wollen auch mal an der Reihe sein – je nach politischem Temperament, Stärke der Hausmacht und der politischen Wetterlage dieses oder jenes größere Thema in den Vordergrund rücken und verfolgen. Souveräne Sachentscheidungen zu treffen ist seines Amtes nicht.

Ebenso das Kabinett: die Minister haben ihre Position inne als Chefs oder prominente Mitglieder ihres Parteiflügels und sind gleichzeitig eben das Sprachrohr ihrer Ministerien; das Kabinett ist mehr Clearingstelle als Entscheidungszentrum.

Auch das Parlament – in unserem System ohnehin nicht als Teil der Regierung betrachtet, wohl aber in den USA – ist eher das, was sein Name bedeutet, nämlich ein Diskussionsforum – mit durchaus vitalen Funktionen, zu denen aber die Definition der japanischen Politik in Sachfragen nicht gehört. Regierung aber im japanischen Sinn, die Instanz, die den Kurs bestimmt – genauer: die so dominierend mit der Vorbereitung von Entscheidungen befaßt ist, daß damit die Entscheidung praktisch getroffen wird – das ist die *Ministerialbürokratie,* in dem hier behandelten Zusammenhang das Ministerium für internationalen Handel und Industrie, allgemein bekannt als *Miti* (*M*inistry for *i*nternational *t*rade and *i*ndustry).

Gemessen an den Idealvorstellungen einer parlamentarischen Demokratie ist besonders die recht bescheidene Rolle des Parlamentes ein bemerkenswerter Mangel; nicht so in den Augen des japanischen Publikums. Jedermann weiß, daß Politiker auch nur Menschen sind, daß sie wiedergewählt werden wollen, und daß sie daher bestimmten Regional- und Gruppeninteressen stärker verpflichtet sind, als dem Wohl des Ganzen zuträglich ist. Japaner sehen dies pragmatisch. Das Parlament wird begriffen als die Instanz, in der sich Partikularinteressen Gehör verschaffen, in der man Dampf ablassen kann. Hier läßt sich auch, z. B. am mehr oder weniger massiven Widerstand dieser oder jener Partei – oder Parteiflügel – gegen dieses oder jenes politische Projekt ablesen, in welcher allgemeinen Richtung sich ein nationaler Konsens finden läßt.

Aber innerhalb dieser Rahmenvorstellung konkrete – *richtige* – Sachentscheidungen zu treffen – das würde das Parlament überfordern; denn der Parlamentsabgeordnete wird klar begriffen – und begreift sich selbst – als Interessenvertreter seines Wahlbezirks. Er würde in seinen eigenen und den Augen seiner Wähler versagt haben, wenn er einer vielleicht national durchaus gebotenen, für seinen Wahlbezirk oder seine Hausmacht aber mit Härten befrachteten Politik zustimmen würde.

Die Aufgabe konkreter, *richtiger* Sachentscheidungen der Ministerialbürokratie – für Fragen der Industriepolitik eben dem Miti – zu überlassen, bietet in der Tat zwei enorme Vorteile:

- diese Instanz verkörpert die *sachverständige Elite* der Nation,
- die dem Druck der Partikularinteressen viel weniger ausgesetzt ist, als es Politiker nun einmal sind.

Zunächst zur »sachverständigen Elite«: in dem harten Wettbewerb um die besten Ausbildungsplätze schaffen jedes Jahr einige Tausend den Eintritt in eine der renommierteren Universitäten und davon wiederum etwa ein Drittel in die eigentlichen Star-Universitäten, an der Spitze *tōdai,* die Universität von Tokio, gegründet 1869 mit dem erklärten Zweck, die Beamtenelite des modernen japanischen Staates heranzubilden. Und in der Tat sind achtzig Prozent aller Spitzenbeamten – Ministerialdirigent und höher – tōdai-Absolventen; in einigen

Behörden, darunter Miti, sind es hundert Prozent. Aber mit dem enorm harten Zulassungsexamen zu einer der staatlichen Spitzen-Universitäten ist der Hindernislauf noch nicht beendet. Die nächste Hürde ist das Regierungsexamen für den Eintritt in den höheren Verwaltungsdienst – eine Hürde, die im ganzen Land etwa 200 Bewerber pro Jahr nehmen, und 40–50 davon werden von Miti rekrutiert. Ihrer Ausbildungsrichtung nach sind sie je zur Hälfte Juristen und Naturwissenschaftler.

Eine Elite also offensichtlich – aber wie steht es mit dem Sachverstand? Schließlich sind dies junge Leute von 23 oder 24 Jahren, ohne praktische Erfahrung auf einem Sachgebiet und auch mit recht begrenzter Lebenserfahrung. Kein Problem – man weiß das. Das rigorose Auslesesystem dient nicht dem Zweck, unmittelbar einsatzfähigen Sachverstand einzukaufen, sondern Potential. Der Sachverstand kommt »on the job«, wie ein Karrierebeispiel (theoretisch, aber typisch) zeigt:

1. Abschluß der Universität von Tokio
2. Examen für den höheren Verwaltungsdienst bestanden
3. 18–24 Monate in der Hauptabteilung Schwerindustrie des Miti
4. 18–24 Monate in der Hauptabteilung Chemie
5. 18–24 Monate in der Hauptabteilung Außenhandel
6. 3–4 Jahre Übersee, als Handelsattaché oder Jetro-Funktionär

7. Hauptabteilung Bergbau
8. Minister-Büro
9. Hauptabteilung Textil
10. Rücktritt vom Amt, Eintritt in die Privatwirtschaft.

Die Stufen 1–6 sind offensichtlich Ausbildungsstadien. Der große Schritt in der Karriere, der diese Phase abschließt, ist noch vorhersagbar: etwa 15 Jahre nach Eintritt in das Ministerium – im Alter von knapp 40 Jahren – wird unser Mann Abteilungsleiter, entsprechend etwa einem Ministerialdirigenten. Diesen Schritt machen alle Angehörigen eines Jahrganges praktisch gleichzeitig; die Karrieren verlaufen bis hierher parallel. Aber der Ausleseprozeß geht weiter, wenn auch zunächst nur dem Eingeweihten sichtbar: für Leute auf dieser Rangstufe gibt es Schlüsselpositionen, und es gibt tote Geleise. Wer sich auf einem toten – oder doch wenig befahrenen – Geleise wiederfindet, weiß, woran er ist: es wird wahrscheinlich nicht mehr zum nächsten größeren Karriereschritt reichen. Keineswegs eine Katastrophe; auch wenn in dieser Karriere nicht alle Blütenträume reifen – man hat es gleichwohl mit der Elite der Nation zu tun und außerdem mit Leuten, die das für die Industrie wichtigste Ministerium in- und auswendig kennen und hier über erstklassige Verbindungen verfügen: wer gegen Ende seiner vierziger Jahre den Abschied nimmt, wird jederzeit mit Kußhand von einem gro-

ßen Unternehmen für eine leitende Position genommen; mit Einkünften und Privilegien übrigens, an die seine ehemaligen Kollegen nicht – oder noch nicht – denken können.
Und die Leute, die es zu einer Schlüsselposition im Ministerium bringen? Nun, von hier an wird die Pyramide schmal. Vielleicht vier bis fünf Leute eines Jahrgangs werden, nach etwa 10 (erfolgreichen) Jahren als Abteilungsleiter, also zwischen 45 und 50, *bucho* – Ministerialdirektor würde man wohl bei uns sagen. Einer wird vielleicht 5 Jahre später Staatssekretär (*beamteter* Staatssekretär, jimu-jikan; nicht zu verwechseln mit dem parlamentarischen Staatssekretär, seimu jikan, der eher zur parteipolitischen/parlamentarischen Szene gehört und im Ministerium nicht sehr viel zu melden hat), *die* Schlüsselfigur der japanischen Industriepolitik. Auch er wird, zwischen 55 und 60, zurücktreten, die anderen etwas eher. Dann stehen im Prinzip zwei Wege offen: ein top-job in der Industrie, vermutlich »Botschafter« des Unternehmens bei der Regierung (die für die Zwecke eines Unternehmens wieder weitgehend aus Miti besteht); oder die zweite Karriere als Politiker – sehr aussichtsreich: die Kabinettsmitglieder, einschließlich des Premierministers, rekrutieren sich überwiegend aus der vormaligen Beamtenelite.
Aber wir greifen vor. Noch befindet sich diese Elite in ihrer ersten Karriere im Miti und lenkt die (Industrie-) Geschicke des Landes. Wohin?

b) Die Substanz der Industriepolitik

Hier gehen die Meinungen erheblich auseinander. Für viele, insbesondere ausländische Regierungen und Firmen, ist Miti der Inbegriff des nationalistischen Protektionismus. Für andere, besonders für einige Sektoren der einheimischen Industrie, gilt Miti's Politik als übertrieben liberal, weil sie bedrängte Industrien mitleidlos von der internationalen Konkurrenz überrollen läßt. Was ist richtig? Beides halb; die Frage ist in dieser Form – protektionistisch oder nicht? – zu allgemein gestellt.

Wer vom Prinzip des freien Welthandels ausgeht, von der Frage, ob ein Land hier seine Rechte und Pflichten in fairer und kooperativer Weise begreift, wird Japan schlechte Noten ausstellen. Der Sinn für internationale Partnerschaft und Solidarität, für Probleme anderer, ist kraß unterentwickelt. Die Denkweise ist die eines Inselvolkes, das sich in der kurzen Zeit seiner Teilnahme am internationalen Verkehr – nur etwas mehr als ein Jahrhundert – eigentlich immer als bedrängter »underdog« gefühlt hat, der sich seiner Haut wehren muß. Freier Welthandel beginnt für Japan mit der – durchaus zutreffenden – Überlegung, auf diesen dichtbevölkerten Inseln ohne eigene Rohstoffe nur überleben zu können, indem man diese Rohstoffe importiert und Fertigwaren exportiert. Das Problem ist, daß Japans Überlegungen damit nicht nur beginnen, sondern auch aufhören: freier Welthandel hat die Funktion, Japan zuverlässigen Zugang zu den Rohstoffen anderer Länder und Absatzmärkte für die eigenen Produkte zu verschaffen, Punkt! Zugang anderer zum eigenen Markt hat Japan im allgemeinen nur gewährt auf massiven Druck von außen. Die Überlegung, daß man nicht nur von anderer Leute Tisch essen kann, ohne diese Leute auch bei sich mitessen zu lassen, ist Japanern noch sehr fremd.

Manches ist historisch verständlich. Miti, federführend in dieser Politik, ist aus dem früheren Rüstungsministerium hervorgegangen – nicht sehr verheißungsvoll für internationale Aufgeschlossenheit. Und in den ersten beiden Nachkriegsjahrzehnten konnte tatsächlich nicht ernsthaft die Rede davon sein, etwa mit den erdrückend übermächtigen Amerikanern auf der Basis gleicher Rechte und Pflichten zu verkehren. In dieser Zeit hatte Japan wenig Veranlassung, sich mit den Problemen anderer zu befassen.

Die Zeiten haben sich geändert, die japanische Denkweise – sich selbst als schwach, verletzlich und schutzbedürftig zu sehen – allenfalls sehr langsam. Die protektionistische Haltung lockert sich nur auf Druck.

In *dieser* Hinsicht hat Miti keine dem elitären Anspruch gerecht werdende Rolle gespielt. Miti hat nicht als geistiger Vorturner gewirkt bei der Übung, ein Sensorium für internationale Partnerschaft zu entwickeln. Eher im Gegenteil: eine gewisse nationale Borniertheit, die Unfähigkeit, Probleme auch einmal mit den Augen anderer zu sehen, hat Miti nicht nur nicht zu überwinden geholfen, sondern geradezu verkörpert.

Miti's Leistung liegt woanders: die industrielle Struktur des Landes konsequent auf die Zukunft auszurichten. Die für Miti wegweisenden Fragen sind:

- in welchen Industrien hat Japan international Wettbewerbsvorteile?
- welche Industrien werden in den nächsten zwanzig Jahren überdurchschnittlich wachsen?
- welche Industrien zeichnen sich durch hohe Wertschöpfung und einen hohen Veredlungsgrad aus?
- in welchen Industrien wird der Erfolg von Forschung und Entwicklung bestimmt?

Und umgekehrt:

- welche Industrien weisen einen hohen Einsatz an Material (das importiert werden muß) und ungelernter/angelernter Arbeit (die in Entwicklungsländern billiger ist) auf?
- welche bedienen stagnierende oder schrumpfende Märkte?

Zu den ersteren gehört klar und an prominenter Stelle die Computer-Industrie, von Miti Anfang der sechziger Jahre als eine für Japan attraktive Zukunftsindustrie identifiziert. Damals war es in den Augen vieler – auch vieler Japaner – ein fast wahnwitziges Unterfangen, es mit den überwältigend starken Amerikanern aufzunehmen. Heute, nach zwanzig Jahren geduldiger, systematischer Arbeit, sieht es keineswegs mehr wahnwitzig aus; eine systematische Arbeit, die Miti nicht *leistet,* sondern *leitet.* Zuviele Firmen, die mit unzulänglichen Mitteln auf diesem Gebiet herumpusseln? Miti wird – mit dem Instrument des *gyosei shido,* von dem noch die Rede sein wird – zwei erfolgversprechende Kandidaten auswählen für das Teilgebiet X, zwei andere für das Teilgebiet Y und das Teilgebiet Z vielleicht einer Forschungsgemeinschaft von zwei oder drei Firmen zuweisen. Kaum je erhält eine Firma allein ein Gebiet »zugewiesen«; denn Konkurrenz hält munter. Vielleicht ist es zu früh, eine noch in den Kinderschuhen steckende Industrie schon dem rauhen Wind des Weltmarktes auszusetzen. Aber das Ziel *ist* natürlich die internationale Wettbewerbsfähigkeit, und die beste Vorbereitung dafür ist harte Konkurrenz im eigenen Lande – aber Konkurrenz von der Art, die tatsächlich die hohe Leistung hervorbringt, nicht Konkurrenz, die nur Kräfte zersplittert.

Was geschieht jedoch, wenn zukunftsträchtige Entwicklungen schon stark von ausländischen Patenten abgedeckt sind, und die japanischen Interessenten wohl oder übel Technologie einkaufen müssen? Dann kommt in der Tat »Japan, Inc.« in seiner reinsten Form ins Spiel. Versucht etwa eine ausländische Firma, die ihren technischen Vorsprung kennt, mit einer Tochtergesellschaft in Japan Fuß zu fassen? Wenn es sich um ein Gebiet handelt, das Miti als erfolg- und wachstumversprechend, als Zukunftsindustrie identifiziert hat, wird das schwierig werden. Da werden alle möglichen administrativen Hindernisse auftauchen, immer neue Dokumentationen angefordert werden – bis der ausländische Bewerber begriffen hat, daß seine Präsenz im japanischen Markt, jedenfalls in *dieser* Form, nicht erwünscht ist. – Dann vielleicht ein »joint venture« mit einer japanischen Firma? Vielleicht. Möglicherweise geht aber auch das zu weit, und der ausländische Bewerber stellt fest, daß seine potentiellen Partner außerordentlich interessiert sind, soviel wie möglich über diese Technologie zu erfahren, daß aber das anvisierte »joint venture« dann doch aus einem nicht ganz klar ersichtlichen Grund scheitert. Schließlich bleibt der ausländischen Firma nichts übrig, als Lizenzverträge abzuschließen, wenn überhaupt die Patente in Japan etwas abwerfen sollen, bevor sie ablaufen oder obsolet werden. Nun sind vermutlich mehrere Firmen interessiert, solche Lizenzen zu erwerben. Werden sie sich gegenseitig überbieten? Nein, Miti achtet darauf, daß – zum nationalen Wohl – billig eingekauft wird. Lizenzverträge in den zukunftsträchtigen Industrien müssen von Miti genehmigt werden, und so haben denn viele Patentinhaber in Lizenzverhandlungen hören müssen, daß Miti Lizenzgebühren über 4% vom Umsatz nicht genehmigen würde; deshalb könne man, leider, nicht mehr offerieren. – Vier Prozent für eine anwendungsreife Technologie ist in der Tat ein Gelegenheitskauf; Forschungsaufwendungen in zukunftsträchtigen Industrien liegen in der Regel um Größenordnungen über diesem Niveau.

Kurzum: für die Zukunftsindustrien sieht Miti sehr aufmerksam nach dem Rechten.

Die Politik, die industrielle Struktur des Landes konsequent auf die Zukunft hin auszurichten, hat nun eine Kehrseite, oder besser: eine zweite Komponente; was tut Miti mit einer Industrie, deren Blütezeit offensichtlich eher in der Vergangenheit als in der Zukunft liegt?

Dann spielt Miti eine besonders verdienstvolle Rolle; kann sie spielen, weil dem Druck der Partikularinteressen weitgehend entzogen. Zwar erfordern politische und soziale Rücksichten manchmal eine gewisse Hilfestellung für bedrängte Industrien, z.B. zu dem Zweck, Zeit zur Anpassung zu gewinnen, in einigermaßen organisierter, nicht chaotischer Form zu schrumpfen. Aber wer italienische oder englische »Vorbilder« vor Augen hat, wo strukturell schwache Industrien dem Staat, dem Steuerzahler als Kostgänger aufgehalst werden, wird sich enttäuscht sehen. Von temporären Maßnahmen abgesehen, die eine gewisse Dämpfung der Stöße oder auch eine Hilfe bei der Selbsthilfe darstellen, tut Miti für die Industrien von gestern gar nichts.

Das ist eine gewaltige Leistung, ranggleich mit der systematischen Förderung der Zukunftsindustrien, und kann zur Erklärung des japanischen Erfolges nicht deutlich genug herausgestellt werden. In den Augen mancher Politiker ist diese Einstellung zynisch und revoltierend. Eine strukturell notleidende Industrie ihrem Schicksal zu überlassen – das heißt doch: verlorene Arbeitsplätze. Muß hier nicht der Staat helfen, subventionieren, Importe beschränken?

Miti's Politik ist keineswegs unsozial oder zynisch. Miti beweist nur, daß eine sachverständige Elite, einigermaßen frei von politischen Pressionen, über die Nasenspitze hinausdenken, jenseits der unmittelbaren auch die mittelbaren Folgen einer Entscheidung absehen, und so in einem qualifizierteren Sinn konstruktiv und sozial handeln kann. Offensichtlich ein heißes Thema, das intensivere Aufmerksamkeit verlangt.

Nehmen wir an, da ist – in einem westlichen Industrieland – ein Betrieb in Bedrängnis geraten. Wenn nicht sehr bald etwas geschieht, wird der Betrieb schließen müssen, die Arbeitsplätze sind verloren. Andere Arbeitsplätze sind in der Umgebung kaum vorhanden. Geschäftsleitung und Belegschaft formulieren gemeinsam einen dringenden Appell an die Regierung, unterstützt von der Gewerkschaft, den lokalen Behörden, dem lokalen Parlamentsabgeordneten, gelegentlich auch noch von der Kirche: die Arbeitsplätze müssen gerettet

werden. Die Aktion hat Erfolg: die Regierung gibt – oder bürgt für – eine Geldspritze, der Betrieb kann weiterarbeiten. Ein allgemeiner Seufzer der Erleichterung: die Regierung hat ihre Verantwortung erkannt und wahrgenommen.
Hat sie es wirklich? Hinter dieser Fallskizze können sehr verschiedene Sachverhalte stehen:

(a) Mismanagement: das Problem liegt in der Firma selbst, anderen Betrieben in derselben Industrie geht es gut. Mit einer kurzfristigen Überbrückungshilfe wird ein kompetenteres Management den Betrieb bald wieder flott machen. – Eine alltägliche Situation, mit der wir uns hier nicht befassen müssen; denn mit Industriepolitik hat sie nichts zu tun. Oder doch eher am Rande: es wäre schon aufschlußreich für das wirtschaftspolitische Klima in einem Lande, ob man den Krankheitsfall der Privatwirtschaft und ihren eigenen Heilmitteln überläßt – mit Einschluß der Möglichkeit, daß es eben doch zur Liquidation kommt – oder »dem Staat«.In Japan würde »der Staat«, bei großen Fällen, möglicherweise seine guten Dienste zur Verfügung stellen, aber kaum des Steuerzahlers Geld. Doch das nur als Seitenblick; lassen wir im übrigen die Fälle individuellen Mismanagements als industriepolitisch weniger relevant beiseite.

(b) Eine ganze Industrie ist notleidend geworden: Importe aus Entwicklungsländern – Niedriglohnländern – erobern den Markt. Die einheimische In-

dustrie arbeitet, bei allen Rationalisierungsanstrengungen, einfach zu teuer. Typisches Beispiel: Textilien, Schuhe. – Auch hier sind natürlich wieder bedrohte Arbeitsplätze zu retten, nicht so sehr mit Geld, sondern mit Importbeschränkungen und/oder prohibitiven Zöllen. Unter den Regeln des GATT kann man so etwas vielleicht nicht offen tun; aber »freiwillige« Importquoten, zum Beispiel, erfüllen den gleichen Zweck. Arbeitsplätze gerettet – die mittelbaren Folgen werden taktvoll übersehen. Das exportierende Entwicklungsland hatte vorher, sagen wir, in Deutschland verkauft und damit Deutsche Mark erlöst – für die direkt oder indirekt wieder in Deutschland gekauft wird, und nach Einführung von Importbeschränkungen eben nicht mehr gekauft wird. Ein Arbeitsplatz »gerettet«, einer verloren – wenn auch nicht für jedermann sichtbar. Nicht nur das; wenn die lästige – billige – Konkurrenz ausgeschaltet ist, kann man wieder »angemessene« – hohe – Preise erlösen. Die Industrie ist keineswegs wieder wettbewerbsfähig oder gesund geworden; es sieht nur so aus, weil der Konsument sie, gezwungenermaßen, subventioniert.
Sodann: der in den letzten dreißig Jahren enorm gewachsene Wohlstand wäre ohne (einigermaßen) freien Welthandel – und damit ohne internationalen Wettbewerb, den Zwang, produktiver zu arbeiten – nicht möglich gewesen. Freier Welthandel, internationale Arbeitsteilung – das schließt begriffsnotwendig ein, daß eben *nicht* alle einmal vorhan-

denen einheimischen Industrien überleben, daß die Ressourcen an Arbeitskraft und Kapital, die frei werden, *den* Industrien zufließen, in denen das Land leistungsfähig ist, das heißt wo diese Ressourcen produktiver eingesetzt werden und damit mehr zum Wohlstand beitragen. Aufstrebende Industrien gehören zu einer gesunden Wirtschaft ebenso wie untergehende.

Am gründlichsten ist diese Regel in der britischen Wirtschaftspolitik verletzt worden – die Mittel, die die Wirtschaft hätte akkumulieren sollen, um die Technologien der Zukunft zu entwickeln, wurden weggesteuert und in die fußkranken Industrien von gestern gesteckt. Die Resultate sprechen für sich.

Miti hingegen bleibt sich treu. Beispiel: die Textilindustrie, Japans erste Industrie überhaupt und bis Anfang der fünfziger Jahre die größte Exportindustrie. Heute werden Massentextilien (nicht hingegen Qualitäts- und Spezialartikel) in erheblichem Umfang importiert; die einheimische Industrie in diesem Sektor schrumpft. Miti's offenbare, wenn auch höflicherweise nicht ausgesprochene Einstellung: je eher desto besser.

Die Fairneß gebietet festzustellen, daß die japanische Weste nicht ganz sauber ist: die Lederindustrie ist durch Importbeschränkungen abgeschirmt – ein Spezialfall, weil in dieser Industrie überwiegend eine ethnische Minderheit beschäftigt ist, der andere Berufe kaum zugänglich sind. Insofern die Ausnahme, die die Regel bestätigt.

(c) Ebenfalls eine ganze Industrie, die Not leidet – aber diesmal nicht wegen der Konkurrenz aus *Niedriglohn*ländern, sondern aus anderen *Industrie*ländern. Zwei Ursachen kommen in Betracht: die ausländische Konkurrenz arbeitet produktiver; oder sie hat Vorteile des Standortes, der Rohstoffe, der Energie, der Kostendegression des größeren Produktionsvolumens.

Der erste Fall – daß eine japanische Industrie in Bedrängnis gerät, weil eine ausländische Konkurrenz, *unter im übrigen gleichartigen Bedingungen,* einfach produktiver arbeitet – ist eher theoretisch; praktische Beispiele lassen sich kaum ausmachen. So läßt sich die japanische Reaktion allenfalls vermuten, hätte das Land einen Krankheitsfall wie zum Beispiel, in krasser Form, die amerikanische Automobilindustrie,

- die jahrzehntelang unter dem Schutz eines de-facto-Monopols gearbeitet hat, weil das typisch amerikanische Automobil in keinem anderen Land produziert wurde;
- die sich daher erlauben konnte, ein Produkt rückständiger Technik und mäßiger Qualität anzubieten;
- die sich ohne großen Widerstand produktivitätsfeindliche Arbeitspraktiken und Spitzenlöhne abstreiken ließ, die ja auf den Käufer abgewälzt werden konnten;
- und die eines Tages feststellen mußte, daß es so etwas wie Konkurrenz gibt.

Weil aber solche Fälle in der japanischen Industrie nicht vorkommen, und bei dem bewußt geförderten harten Wettbewerb im eigenen Markt – für alle Industrien – vermutlich auch nicht vorkommen werden, mag auf sich beruhen, wie Japan, insbesondere Miti, reagieren würde.

Weniger theoretisch ist der zweite Fall, daß nämlich eine Industrie unter Druck gerät, weil die ausländische Konkurrenz Vorteile des Standortes, des Produktionsvolumens o. ä. hat. Aluminium, Massenchemikalien, sogar gewisse Spezialchemikalien gehören in diese Kategorie. Nehmen wir zunächst Aluminium – ein sehr einfacher Fall, weil nur zwei Produktionsfaktoren praktisch eine Rolle spielen: das Rohmaterial Bauxit, das importiert werden muß, und die Energie, die Bauxit zu metallischem Aluminium reduziert – ebenfalls zu importieren. Technologische Verbesserungen sind kaum möglich; die erforderliche Reduktionsenergie ist naturgesetzlich bestimmt. Andere Länder, besonders Australien und USA, haben besseren Zugang zum Rohmaterial oder zur Energie, oder zu beidem. Welches soll unter diesen Umständen im Ernst die künftige Rolle der japanischen Aluminiumindustrie sein? In Miti's Konzept ist es eine entscheidend wichtige Testfrage, wie es für eine bestimmte Industrie im internationalen Vergleich mit den japanischen Wettbewerbsvoraussetzungen – gegenwärtig und künftig – aussieht, und die Aluminiumindustrie besteht diesen Test nicht.[1] In der Tat ist Miti's Antwort an die Industrie kühl. Zwar haben Gespräche mit den Amerikanern stattgefunden, in denen auf die bedrängte Lage der japanischen Produzenten hingewiesen wurde. Aber man wird darin kaum mehr sehen können als eine höfliche Geste. Von Importkontingenten oder Schutzzöllen ist nicht ernsthaft die Rede.[2]

Nehmen wir ein etwas komplizierteres Beispiel aus der chemischen Industrie – Farbstoffe. Produkte ei-

---

[1] »Japan's major advantage in the world economy is that it accurately perceived comparative economic advantage as a dynamic process. Products which a country can produce more cheaply than competition in other countries can be said to benefit from comparative economic advantage. Even though Japan could produce both textiles and automobiles in the late 1960's more cheaply than any other nation, it saw that in the future it could increase its advantage in auto production through superior scale and technology and that it would gradually lose its dominance in textiles. So Japan began to gradually withdraw from textiles and to increase its commitment to autos.« The Boston Consulting Group: Japan in 1980

[2] Wie zur Bestätigung erscheint just bei Durchsicht des Manuskripts folgende Notiz in der Presse: ». . . Sumikei Aluminium Industries Ltd, a deficit-ridden aluminum-smelting company, . . . will be liquidated at the end of May . . . Since the nation's aluminum-smelting industry has been suffering from a combination of high costs, particularly from the high electricity charges in Japan, and low prices of its products, there is little prospect of Sumikei Aluminum regaining its international competitiveness in the future . . .« (Mainichi Daily News vom 21. 1. 1982)

nes hohen Veredlungsgrades, insofern für Japan sehr viel interessanter als die Herstellung von Rohaluminium. Trotzdem ist die einheimische Industrie in Schwierigkeiten. Den Weltmarkt beherrschen die Europäer, deren viel größeres Produktionsvolumen auch einen höheren Forschungsaufwand trägt. Eine Verkaufsorganisation für diese hochspezialisierten Produkte besteht notwendigerweise aus versierten Technikern, die nicht nur das nackte Produkt, sondern auch know-how anbieten können. Eine solche Organisation von Spezialisten aufzubauen, um Exportmärkte zu erobern gegen eine etablierte und wache Konkurrenz, ist zwar nicht unmöglich, bedeutet aber eine enorm lange Durststrecke. Der einheimische Markt stagniert. – Wie sieht Miti eine solche Situation?

Miti hilft auf seine Art: durch Mitwirkung an Plänen zur Selbsthilfe, in diesem Fall an einem Rationalisierungskartell – damit nicht weiterhin zu viele Hersteller die gleichen Produkte in zu geringen Mengen produzieren –, und an einem Forschungspool – damit nicht mehrere Hersteller, mit begrenzten Mitteln, am gleichen Projekt arbeiten. Aber das ist es dann auch schon. Keine Zukunftsindustrie, sie bedient stagnierende Märkte; kein erfolgversprechendes Betätigungsfeld für spezielle japanische Stärken, wie geduldige Perfektionierung der Produktionsprozesse – die chemischen Vorgänge laufen mit naturgesetzlicher Notwendigkeit ab. Zwar keine Industrie von gestern, die Miti gern verschwinden sehen würde, aber auch keine von morgen. Mehr als Hilfe bei der Selbsthilfe ist daher von Miti nicht zu erwarten. Keine Rede von Drosselung des (bedenklich wachsenden) Imports; auch die Zoll*senkungen* (!) der sog. Tokio-Runde werden planmäßig durchgeführt.

c) Die Instrumente der Industriepolitik

Wenn eine Behörde so intensiv in die Wirtschaft eingreift – oder auch nicht eingreift –, mit oft ganz vitalen Konsequenzen, stellt sich zwangsläufig auch die Frage, wie denn der Staat die Kompetenzen einer so mächtigen Behörde definiert. Denn einerseits ist es, jedenfalls mit europäischen Augen gesehen, schwer erträglich, daß das Handeln einer Behörde, die der *politischen* Kontrolle praktisch entzogen ist, nicht auf einer klaren gesetzlichen Grundlage beruht; andererseits ist es offensichtlich schwierig, eine *konkrete* gesetzliche Grundlage zu schaffen, die also mehr ist als eine weitgefaßte Rahmenvollmacht, wenn diese Behörde befaßt ist mit Fragen, die Flexibilität, Pragmatismus und Urteilsvermögen verlangen, sich aber nicht im voraus definieren und klaren Kriterien unterstellen lassen.

Wie steht es, kurzum, im Falle Miti mit der *Gesetzmäßigkeit der Verwaltung?*

Theoretisch nicht anders als bei uns. Die Behörden schalten und walten nicht im rechtlich luftleeren Raum. Miti z.B. sind wichtige Kompetenzen zugewiesen durch das »Foreign Investment Law«, das

»Foreign Exchange and Foreign Trade Control Law« und zahlreiche andere. Praktisch aber muß man sich doch frei machen von Vorstellungen etwa des cartesianisch-straff organisierten Verwaltungsstaates napoleonischer Prägung, oder der trockenen Korrektheit preußischer Verwaltung. Drei Dinge muß man sich, um bei Miti zu bleiben, vor Augen halten:

– Japans Uhren der Industrialisierung gingen anders, wie oben dargelegt; der Staat war von Anfang an aktiver, treibender Teil dieses Prozesses, nicht nur Aufpasser;

– die Situationen, mit denen das Industrieministerium eines modernen Industriestaates zu tun hat, sind zu dynamisch, als daß ihnen mit *konkreter* Gesetzgebung beizukommen wäre; wenn eine Behörde hier etwas leisten soll, braucht sie in jedem Fall eine recht freie Hand für die Ausführungsbestimmungen und einen erheblichen Ermessensspielraum;

– man hat es mit einer Behörde zu tun, die in ihrem Selbstverständnis nicht (nur) administriert, sondern *führt.* Der elitäre Anspruch erklärt sich einmal aus der persönlichen Qualifikation der Beamten – verständlich, denn schließlich haben sie sich in einem langen Hürdenlauf von Auslese-Examen immer wieder als die Besten ausgewiesen; zum andern daraus, daß diese Behörde in ihrem Selbstverständnis wie auch in den Augen des Publikums dem *nationalen* Wohl verpflichtet ist – nicht nur gegenüber einzelnen Unternehmen oder Industrieverbänden, was selbstverständlich ist, sondern auch im Verhältnis zum Gesetzgeber, dem Parlament, das als Forum der *Partikular*interessen angesehen wird.

Welche Instrumente hat sich nun das japanische System geschaffen, um einerseits flexible, schnell handelnde *Führungs*verwaltung praktizieren zu können, andererseits nicht Behörden zum selbstherrlichen Staat im Staate werden zu lassen?

Das Instrument des »gyosei shido«, der »administrative guidance«, der »behördlichen Empfehlung«; ein sehr japanisches Werkzeug insofern, als es nur vor dem Hintergrund enger Zusammenarbeit zwischen Regierung und Staat funktionieren kann.

Wir haben schon kurz gesehen, wie Miti z. B. die japanische Anstrengung organisiert und koordiniert, eine starke Computer-Industrie aufzubauen; das Instrument dazu ist nicht ein Gesetz oder eine Ausführungsverordnung, oder auch nur ein förmlicher Verwaltungsakt, sondern eben, nach intensiven Diskussionen mit der Industrie, die »behördliche Empfehlung«. Oder: mehrere Firmen haben Investitionspläne, die vermutlich zu Überkapazitäten und zum Preisverfall für bestimmte Produkte führen; Miti wird eine vernünftige Lösung »empfehlen«. Ein ausländisches Unternehmen möchte das Kapital seiner Tochterfirma in Japan erhöhen; möglicherweise ein voll liberalisierter Vorgang, der eigentlich keiner behördlichen Genehmigung bedarf. Trotzdem ist es gut möglich, daß das Finanzministerium oder die »Bank of Japan« »empfehlen«, z.B. mit der Kapitalerhöhung einige Monate zu warten.

Offensichtlich werden hier oft Aktionen – oder auch Abstinenz – empfohlen, die für das betroffene Unternehmen einen Nachteil, ein Opfer bedeuten. Warum halten sich die Firmen dennoch fast immer an die »Empfehlung«? Es sind im wesentlichen drei Gründe:

– wenn Miti zum Beispiel, im Interesse des Ganzen, von zwei großen Investitionsvorhaben nur *einem* grünes Licht gibt, dann hat das zurückgewiesene Unternehmen einen sozusagen moralischen Anspruch darauf erworben, daß es beim nächsten Mal umgekehrt sein wird. Im Moment ein Opfer, auf längere Sicht tatsächlich die bessere Lösung für alle. Um bei dem simplen Beispiel zu bleiben: statt paralleler Investitionen mit dem wahrscheinlichen Resultat von Überkapazität und roten Zahlen werden am Ende beide betroffenen Unternehmen je eine profitable Investition getätigt haben. Beide Firmen waren am Entscheidungs- bzw. »Empfehlungs«-Prozeß beteiligt, können das Gewicht ihrer Argumente gegenüber denen der anderen Firma selbst beurteilen und vermutlich anerkennen, daß die von Miti vorgelegte Lösung in der Tat die zweckmäßigste ist;

– die moralische Autorität der Behörden – die Autorität der besseren Gesamtübersicht, der Neutralität gegenüber Partikularinteressen, der anerkannten Kompetenz, weitblickend das nationale Wohl zu fördern;

– die Furcht vor Repressalien; Miti kann ein widerborstiges Unternehmen, das ja dauernd mit dieser Behörde zu tun hat, auf vielfache Weise sein Mißfallen spüren lassen.

Es braucht allerhand Mut für eine japanische Firma, sich über Miti's »Empfehlungen« hinwegzusetzen. Immerhin, es kommt vor. Nehmen wir einen Fall, der gleichzeitig ein Schlaglicht wirft auf die angeblich so monolithische Struktur von »Japan, Inc.«. In den fünfziger Jahren hatte die – auf dem Sektor Personenwagen noch recht unbedeutende – Automobilindustrie Selbstvertrauen genug entwikkelt, um über ehrgeizige Zukunftspläne nachzudenken. Die »Bank of Japan«, naturgemäß ein Schlüsselfaktor für ein Projekt von großem Investitionsvolumen, betrachtete diese Industrie als für Japan wenig erfolgversprechend: ein Inlandsmarkt von begrenzter (allerdings stark unterschätzter) Aufnahmefähigkeit, wohletablierte und leistungsfähige Konkurrenz auf dem Weltmarkt, hoher Einsatz an Material, das zunächst als Rohstoff importiert werden mußte, Wettbewerbsnachteil durch Entfernung von den Märkten – bei einem transportintensiven Produkt beachtlich –, technische Entwicklungsmöglichkeiten begrenzt; eine reife Industrie, keine Zukunftsindustrie – die Zentralbank blickte kühl. Im Miti scheinen, soweit sich

die Geschichte rekonstruieren läßt, die Meinungen zunächst geteilt gewesen zu sein, bis sich schließlich die Befürworter durchsetzen konnten. Aber wenn diese Industrie schon eine entschlossene Anstrengung unternehmen wollte, dann wenigstens unter den bestmöglichen Rahmenbedingungen, soweit man sie beeinflussen konnte. Also stand Miti, mit dem Instrument der »behördlichen Empfehlung«, Gevatter bei der Verschmelzung der recht zersplitterten Industrie in zwei leistungsfähige Großunternehmen – *zwei,* denn harte Konkurrenz muß sein. Aber einige Firmen lehnten Miti's Leitbild von zwei Großunternehmen rundweg ab und gingen eigene Wege – mit unterschiedlichem Erfolg.
Dieser gelegentliche Widerstand gegen »Empfehlungen« Miti's – oder auch anderer Behörden – beantwortet gleichzeitig die Frage, wie es um die Kontrolle so mächtiger Behörden und ihrer in die rechtlich so schwammige Form der »Empfehlung« gekleidete Politik bestellt ist: der Schutz vor Willkür liegt darin, daß auch Behörden in einem nicht geringen Maße nach den Regeln des Konsenses handeln müssen. Zwar sind »behördliche Empfehlungen« mehr als unverbindliche Vorschläge; aber wenn hinter den »Empfehlungen« außer einem gewissen Druck nicht auch die Überzeugungskraft sachlicher Richtigkeit einer Politik und die Integrität der Behörde stehen, wird dieses Werkzeug schnell stumpf.
Schließlich noch eine Bemerkung zur Nützlichkeit

der »behördlichen Empfehlung« in delikaten Situationen, wobei wiederum der »Monolith Japan« ins Spiel kommt. Miti's Konzept, hohe industrielle Leistungsfähigkeit durch zwar harte, aber doch *gesteuerte* Konkurrenz zu fördern, steht zwangsläufig in Widerspruch zur Aufgabe der Kartellbehörde (allgemein zitiert als FTC – *F*air *T*rade *C*ommission), auf deren Banner die möglichst intensive, *freie* Konkurrenz steht. In der Tat ist das Verhältnis zwischen diesen beiden Behörden eher gespannt (was übrigens auch vom Verhältnis anderer Ministerien und Spitzenbehörden untereinander gilt, uns aber hier nicht weiter beschäftigen soll). Miti muß also mit *seiner* Auffassung von richtiger Industriepolitik die Kartellbehörde gelegentlich ausmanövrieren. Da kommt das Instrument der »behördlichen Empfehlung« wie gerufen; denn eine »Empfehlung«, die ja auch die Form eines sehr behutsamen Steuerns aus dem Hintergrund annehmen kann, meistens einer breiteren Öffentlichkeit gar nicht sichtbar, ist naturgemäß viel weniger greifbar und angreifbar als ein förmlicher Verwaltungsakt. So entwickeln sich auf der industriepolitischen Szene gelegentlich Situationen, in denen Miti und die Industrie gemeinsam – und mit möglichst wenig Aufsehen – eine Strategie entwickeln, die gegenüber der Kartellbehörde eine möglichst kleine Zielscheibe abgibt. Monolith Japan?

7. Der Konsens hat eine Kehrseite

Die Technik des Konsenses, die die japanische Gesellschaft entwickelt hat, sieht eindrucksvoll aus. Eine gut geölte Maschine; wer beteiligt oder betroffen ist, kann seine Meinung äußern, die Entscheidung mitformen und mittragen.
Doch nur wenige Dinge dieser Welt sind umsonst zu haben, und auch der Konsens hat seinen Preis. Nehmen wir als Beispiel die Entscheidungsfindung im Regierungsapparat, präsentiert von Prof. Y. Shinoda in einem Vortrag:

»Die Prozedur der japanischen Regierungsbürokratie, Entscheidungen zu erarbeiten, ist die des »ringi-seido«: ein Schriftstück (ringi-sho), das den Entscheidungsgegenstand darlegt, wird sorgfältig aufgesetzt, und zirkuliert dann in einer vorgeschriebenen Reihenfolge, wobei jeder Beamte das Papier mit seinem Unterschriftstempel (han) versieht.

Phase 1.
Nehmen wir an, eine Frage, die entschieden werden muß, ergibt sich im Bereich der Abteilung F. Ein

Schriftstück, das den Sachverhalt und einen Lösungsvorschlag darlegt, wird von einem Sachbearbeiter (kakyu kakari-in) aufgesetzt, im Namen seines Vorgesetzten. Dieser Beamte fungiert als »front desk«. Das Papier wird dann einem Obersachbearbeiter (jokyu kakari-in) zugeleitet, von dort dem Unterabteilungsleiter (kakari-cho) oder dem stellvertretenden Abteilungsleiter (ka-cho-hosa), und schließlich dem Abteilungsleiter (ka-cho). In dieser Phase wird der Vorschlag sorgfältig analysiert und überprüft.

Phase 2.
Der Leiter der Abteilung F, der die Verantwortung trägt, leitet das Schriftstück weiter an den Leiter der Abteilung E, von wo es weitergereicht wird an die Abteilungsleiter, D, C, B und A. Auf diese Weise werden alle Abteilungen der Hauptabteilung informiert und erhalten Gelegenheit, sich mit der Materie zu befassen.

Phase 3.
Das Schriftstück ist nun bereit für den letzten Schritt innerhalb der Hauptabteilung, zu der die Abteilung F gehört. Es wandert zur Koordinierungsabteilung für folgende Prozedur:
- der Sachbearbeiter dieser Abteilung berät mit dem Sachbearbeiter der Abteilung F, der das Schriftstück aufgesetzt hat;
- der Obersachbearbeiter berät mit dem Obersachbearbeiter der Abteilung F;
- das gleiche tun die beiden Unterabteilungsleiter;
- und ebenso die beiden Abteilungsleiter.

Danach wandert das Papier zum »Berater« (sangi), der keine Linien-, sondern eine Stabsfunktion innehat, und über breite Erfahrung im öffentlichen Dienst verfügt. Wenn dieser Probleme sieht, bespricht er die Angelegenheit informell mit anderen Beratern, dem Vorsteher des Minister-Büros, und wenn notwendig mit dem Staatssekretär. Wenn er den Eindruck hat, daß der Vorschlag nicht auf Widerspruch treffen wird, legt er es dem Hauptabteilungsleiter vor, und übernimmt damit die Verantwortung für die Koordination unter den verschiedenen Abteilungen der Hauptabteilung.

Phase 4.
Das Papier kann nun die Hauptabteilung verlassen, in der es entstanden ist. Es wandert jetzt zu der Abteilung, die für die finanzielle Seite zuständig ist. Der Weg ist hier der gleiche wie ursprünglich in der Abteilung F: Sachbearbeiter, Obersachbearbeiter, Unterabteilungsleiter, Abteilungsleiter . . .

Phase 5.
Dieser letzte Abteilungsleiter bringt das Papier zur Koordinationsabteilung der Hauptabteilung Finanzen. Diesmal reichen drei Stufen: Sachbearbeiter, Unterabteilungsleiter, Abteilungsleiter. Von dort geht das Papier zum Berater, dann zum Hauptabteilungsleiter.

Phase 6.
Das Dokument wandert zur Koordinationsabteilung der Regionalbüros. Zum Beispiel unterhält die Sozialversicherung Regionalbüros in jeder Präfektur. Auch hier

wieder die übliche Prozedur in vier Schritten. Der Zweck ist hier die Abstimmung mit der lokalen Politik.

Phase 7.
Das Papier gelangt nun zur Dokumentationsabteilung (bunsho-ka), wo es einer Bearbeitung auf drei Stufen unterzogen wird. Der Zweck ist, den Text in die Verwaltungssprache zu übertragen, mit Auslegungsregeln, Ausweichklauseln usw.

Phase 8.
Das Papier wird dem Vorsteher des Minister-Büros zugeleitet, der es formell dem (beamteten) Staatssekretär vorlegt. Beide waren natürlich laufend informell über die Angelegenheit orientiert.

Phase 9.
Schließlich erreicht das Dokument den parlamentarischen Staatssekretär und dann den Minister. Beide hatten bis dahin keine Ahnung von dem Vorgang; und jetzt ist keine Zeit mehr, sich gründlich damit zu befassen . . .

Auf dem langen Wege wurde das Papier mit mehr und mehr Unterschriftstempeln verziert – einen für jeden Beamten, der damit befaßt war:

Phase 1	4 Stempel
Phase 2	6 Stempel
Phase 3	6 Stempel
Phase 4	4 Stempel
Phase 5	5 Stempel
Phase 6	4 Stempel
Phase 7	3 Stempel

Phase 8	2 Stempel
Phase 9	2 Stempel

Zusammen: 36!

Die Verantwortung hingegen ist klar zugeteilt:

Für den Vorschlag:	Abteilungsleiter F
Für die Koordination:	Hauptabteilungsleiter
Für die Entscheidung:	Minister.

Dieses ist, um allfällige Zweifel auszuräumen, keine Karikatur – allenfalls eine unfreiwillige. In der Privatwirtschaft wird, je nach Größe einer Firma und nach der Komplexität des Problems, im Durchschnitt etwas weniger umständlich operiert, aber der Unterschied ist eher graduell. Würde man nur von dieser mühsamen Prozedur gehört haben, ohne zu wissen, was das japanische System insgesamt mit diesem Instrument hervorgebracht hat, wäre die Prognose wohl unweigerlich: ein derart unbeholfener Mechanismus der Entscheidungsfindung steht sich selbst so im Wege, daß eine moderne Industriegesellschaft damit unmöglich funktionieren kann. Aber eben: sie funktioniert doch und offenbar gut. Die Erklärung liegt, im Vergleich mit der sehr viel einsameren Entscheidungsfindung im Westen, wohl darin, daß wir in unserem System – das schnell und effizient aussieht – die Konfusion, die Kompetenzquerelen, die Obstruktion, die sehr oft nach der prompteren, aber auch weniger durchdachten und vorbereiteten Entscheidung die Szene beherr-

schen, weit unterschätzen – ebenso wie wohl auch die Fehlerquote. Über den Daumen gepeilt dürfte der Gesamtaufwand für Entscheidungsfindung und Durchführung unter beiden Systemen mehr oder weniger gleich sein. Der Unterschied liegt in der Reihenfolge des Ablaufs: bei uns fällt im Durchschnitt die Entscheidung schnell, aber bis zur befriedigenden Durchführung schiebt sich erst noch die Phase der Konfusion, der Erläuterung, des passiven Widerstandes der sich übergangen Fühlenden ein. In Japan liegt die Palaver-Phase *vor* der Entscheidung; danach geht es dann auf einmal sehr schnell und reibungslos.
Daß mancher westliche Manger in Japan, eingeklemmt in die Verschiedenheit der operativen Systeme, graue Haare bekommt, wird der Leser ahnen. Eigentlich schade. Dieser Manager scheuert seine Nerven nicht nur unnötig und unproduktiv an einer bloßen Verschiedenheit, die ja offensichtlich nicht Unterlegenheit und Unzulänglichkeit bedeutet, sondern versäumt auch eine große Chance. Denn das System der Konsensentscheidung hat seine Grenzen, die in der Natur des Konsenses begründet sind: zu einer Entscheidung kommt es nur, wenn sich mehr oder weniger alle Meinungen, vielleicht in der Diskussion zurechtgeschliffen, unter einen Hut bringen lassen. Für die härteren Situationen, in denen es nicht allen recht zu machen ist, in denen sich einfach kein Konsens erzielen läßt, versagt das japanische System. Die heiße Kartoffel

wird herumgereicht, ansonsten bewegt sich nichts. Eine Technik, gordische Knoten zu durchschlagen, hat das japanische System nicht entwickelt.
Ein Beispiel aus der Wirtschaft: in der chemischen Industrie (wie übrigens auch in vielen anderen) ist das Verteilungssystem – mehrere Ebenen von Händlern – antiquiert und überbesetzt. Jeder weiß es, aber Abhilfe ist schwierig: wie soll man die Zahl der Händler reduzieren? Wie sollen Händler im Wege des Konsenses bestimmen, wer überleben darf und wer seine wirtschaftliche Existenz aufgeben soll? Diskussion seit Jahren, aber es tut sich nichts. Ausweg: vielleicht kann man einer neutralen Instanz mit Autorität den schwarzen Peter der Entscheidung zuschieben. In der Tat: Miti wird angesprochen, und liefert immerhin eine gründliche Analyse. Zu mehr wird es allerdings in diesem Fall nicht reichen. Es sieht so aus, als ob auch Miti sich nicht ohne zwingenden Grund mit notwendigerweise harten Entscheidungen belasten wird. Aber eines wird klar: es gibt in Japan gelegentlich, nämlich wenn der Konsensmechanismus sich festgefahren hat, die Stunde der autoritären Entscheidung, die dann sogar mit einem Seufzer der Erleichterung begrüßt wird. Dies ist, im Rahmen eines Unternehmens, die Stunde des westlichen Managers: er ist viel weniger verstrickt in das Netz alter persönlicher Beziehungen und Verpflichtungen, von ihm wird von vornherein eine kühlere Einstellung erwartet. Aber wohlbemerkt: diese Stunde ist erst

dann da, wenn jedermann gemerkt hat, daß die Diskussion in einer ausweglosen Sackgasse steckt. Man wird erleichtert sein, daß jemand die unpopuläre, wenn auch im Grunde von allen als unausweichlich erkannte Entscheidung übernimmt. Hingegen souveräne Entscheidungen treffen *anstelle* eines geduldigen Bemühens und Konsenses – nun, das führt, um zur politischen Szene zurückzukehren, zu den fast bürgerkriegsähnlichen Auseinandersetzungen wie denen um Tokios neuen Flugplatz in Narita.

II.
Der Bereich der Unternehmen

8. Anstellung auf Lebenszeit – mit Einschränkungen

a) Das Prinzip

Man hört im Westen mit Verblüffung vom »lifetime employment«. Ist dies nicht ein Relikt des Mittelalters, das die Arbeiterschaft offenbar in die Gegenwart hinüberretten konnte, vielleicht in hitzigen Auseinandersetzungen mit den Unternehmen, das aber doch in einer rasch sich wandelnden Industriewelt ein Klotz am Bein jedes Unternehmens sein muß?

Durchaus nicht. Die Anstellung auf Lebenszeit ist keineswegs ein Fossil, das etwa aus dem patriarchalisch organisierten Handwerksbetrieb vergangener Zeiten irgendwie seinen Weg in die moderne Industriegesellschaft gefunden hat. Ganz im Gegenteil. Lebenslange Anstellung ist jüngeren Datums; sie geht in den Ansätzen etwa auf die Zeit des Ersten Weltkrieges zurück. Die jungen Industrien, die sich schnell entwickelt hatten, fanden naturgemäß keine wohlausgebildete Facharbeiterschaft vor, son-

dern mußten sich selbst eine heranziehen. Facharbeiter waren Mangelware. Gegenseitige Abwerbung scheint an der Tagesordnung gewesen zu sein.
Aus dieser unerfreulichen Situation heraus entwikkelte sich die Kombination von lebenslanger Anstellung und eine von der Zahl der Dienstjahre abhängige Entlohnung – Dienstjahre in der gleichen Firma; die Seniorität war nicht auf ein neues Beschäftigungsverhältnis übertragbar. Wer die Firma wechselte, fing wieder bei der Seniorität Null an; wer bei seiner Firma blieb, avancierte automatisch auf der Lohnskala – und auch im Rang.
In den Hungerjahren nach dem Zweiten Weltkrieg wechselte der Akzent; das Element der Fürsorge rückte in den Vordergrund. Ein vollständiger Zusammenbruch, tiefe Unsicherheit, armselige Lebensbedingungen – vor diesem Hintergrund gab der feste Arbeitsplatz das Gefühl, wieder Boden unter den Füßen zu haben. Der Kuchen, den es zu verteilen gab, war zwar klein; aber wenn er verteilt wurde nicht so sehr nach Leistung, sondern stärker nach den Bedürfnissen, reichte es doch irgendwie für alle. Diese Abstimmung auf die Bedürfnisse hatte zwei Komponenten, sozusagen eine Grob- und eine Feinabstimmung. Einmal entspricht die senioritätsabhängige Entlohnung im großen Durchschnitt den Ansprüchen, die der Mensch im Laufe seines Lebens typischerweise zu befriedigen hat: die jungen, unverheirateten Leute brauchen

nicht sehr viel, der Familienvater braucht wesentlich mehr, und er braucht *noch* mehr in der zweiten Hälfte seiner vierziger Jahre, wenn die Kinder in der teuersten Phase der Ausbildung stehen. So wurde denn in den Nachkriegsjahren dieses System – Anstellung auf Lebenszeit kombiniert mit Entlohnung nach Dienstalter – institutionalisiert. Wo es sich nicht, oder nur mit Vorbehalten, einführen ließ, wurde es jedenfalls als Leitprinzip akzeptiert, auf das hinzuarbeiten war. – Als Feinabstimmung kam ein – gelegentlich wild wucherndes – System von Beihilfen hinzu: für jedes abhängige Familienmitglied, für die Wohnung, für die Fahrtkosten zum Arbeitsplatz usw.

Die Auswirkungen auf die Loyalität eines Mitarbeiters gegenüber seiner Firma, als Korrelat der Fürsorge, sind leicht zu sehen; ebenso die Wirkungen auf ein Klima der Zusammenarbeit – es lohnt sich, mit den Leuten gut auszukommen, mit denen man sein ganzes Berufsleben verbringen wird. Und schließlich wird auch dem Streben eines Unternehmens nach Modernisierung und Rationalisierung der Stachel genommen: wenn Arbeitsplatz und Lohnentwicklung garantiert sind, fällt die Anpassung an neue Produktionsmethoden leicht. Und so wird langsam verständlicher, daß Anstellung auf Lebenszeit nicht etwa das Produkt von Arbeitskämpfen war; im Gegenteil: die Unternehmensleitungen stehen voll dahinter, haben dieses Produkt mindestens *mit*geschaffen, und betrachten es als Element ihrer Stärke.[1]

Aber wie auch immer die künftigen Anpassungen des Systems an veränderte biologische Voraussetzungen aussehen werden – unser Thema sind die gegenwärtigen Verhältnisse.

Um schiefe Vorstellungen zu vermeiden, darf man allerdings »lebenslang« nicht allzu wörtlich verstehen. Gemeint ist das *Berufs*leben, genauer: das *Haupt*-Berufsleben, das in Japan traditionell mit 55 Jahren, neuerdings in vielen Firmen etwas später, jedenfalls aber mit 60 endet (Ausnahme: Vorstandsmitglieder). Für die dann üblicherweise fol-

---

[1] Wenn das System der Anstellung auf Lebenszeit in Kombination mit dienstaltersabhängiger Entlohnung heute eine anerkannte Institution ist, besagt das nicht nowendigerweise etwas für die Zukunft. Denn dieses System wird jetzt Beanspruchungen ausgesetzt, die Anpassungen erfordern werden:

Zum erstenmal erreicht jetzt eine Generation das Pensionsalter, die ihr Berufsleben unter dem System der Anstellung auf Lebenszeit verbracht hat. Die Pension wird als Kapitalabfindung bezahlt, wobei als Faustregel – wenngleich mit kräftigen Abweichungen im Einzelfall – gilt: das letzte Monats-Grundgehalt mal Zahl der Dienstjahre. Diese Kapitalabfindungen werden jetzt also in bisher nicht gekannter Höhe fällig – erst jetzt gehen Leute mit 30 Dienstjahren in großer Zahl in Pension. Noch schwieriger wird es, wenn das Pensionsalter heraufgesetzt wird – der klare Trend geht dahin. Nicht nur sind die Löhne dann die höchsten, sondern auch die Pensionsabfindung wird erheblich größer: sowohl der Multiplikationsfaktor Dienstjahre als auch die Bezugsbasis letzter Monatslohn liegen höher. So wird also notgedrungen an Modellen gebastelt, die Bürde für die Unternehmen tragbar zu machen; beispielsweise ein Ende der dienstalterbedingten Lohnsteigerung beim Alter von 50. – Ein zusätzliches Problem ist die Altersstruktur des japanischen Volkes: die »Alterspyramide« ist eben keine Pyramide, sondern eine Figur, die im oberen Teil von den Kriegsverlusten und dem Geburtenausfall jener Zeit, in der Mitte vom »baby-boom« des Nachkriegsjahrzehnts, und an der Basis vom kontinuierlichen Geburtenrückgang seither gekennzeichnet ist. *Noch* ist die Situation günstig: die starken Jahrgänge stehen im Erwerbsleben, die nichtproduktiven Altersgruppen sind relativ schwach. Aber die Vergreisung der Gesellschaft kommt, mit einer Phasenverschiebung gegenüber Westeuropa, auch auf Japan zu, mit allen Problemen der Altersversorgung: weniger Einzahlende, mehr Beziehende. Die Alterspyramide der einzelnen Unternehmen wird, jedenfalls im Durchschnitt, notwendigerweise die gleiche sein wie die des ganzen Volkes. Solange eine jedes Jahr größere Zahl von jungen Leuten die höheren Löhne und die Pensionen einer relativ kleinen Zahl Älterer trägt, gibt es kein Problem; wenn die »Pyramide« eines Tages oben breiter ist als unten, kann das System in seiner gegenwärtigen Form nicht überleben. Die Grafik läßt die kommenden Schwierigkeiten ahnen:

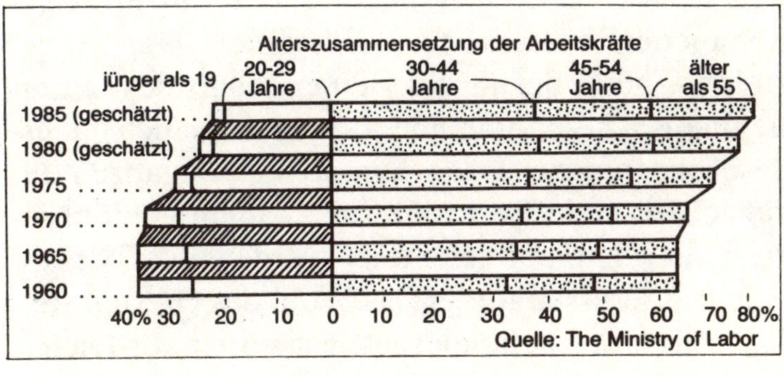

gende »zweite Karriere«, die deutlich nach unten gerichtet ist, gelten sehr viel kühlere Regeln. Und eine weitere gewichtige Einschränkung: voll praktiziert ist das Prinzip der Anstellung auf Lebenszeit nur für knapp ein Drittel aller Berufstätigen, nämlich die männlichen Arbeiter und Angestellten der größeren Unternehmen – jedenfalls typischerweise. Für alle anderen gilt es mit Einschränkungen, mit großen Einschränkungen, oder auch gar nicht – davon später.

Für den Bereich, in dem es praktiziert wird, beschäftigt den westlichen Unternehmer eine naheliegende Frage:

Loyalität hin oder her – muß der Mensch nicht unvermeidlich bequem werden bei einem garantierten Anstellungsverhältnis?

Anstellung auf Lebenszeit in ihrer japanischen Form läßt sich nur verstehen vor ihrem japanischen Hintergrund. Sie ist ein Dauerrechtsverhältnis wie etwa die Ehe, aufgebaut auf dementsprechend tiefgehender Loyalität, mit zwar nicht niedergeschriebenen, aber klar verstandenen und sehr ernst genommenen beiderseitigen Pflichten. Der Angestellte – nein: der in die Gemeinschaft des Unternehmens Aufgenommene – sagt, wenn auch unausgesprochen: ich werde während meines ganzen Berufslebens mein Bestes für die Gemeinschaft unseres Unternehmens geben; ich werde meine persönlichen Interessen hinter das Wohl des Ganzen stellen. Das Unternehmen sagt: wir sorgen für Dich.

Das auf Dauer angelegte Verhältnis gegenseitiger Loyalität ist der Kern, deutlich verschieden vom europäischen Verständnis – wo die in mehr oder minder ausgeprägten Ansätzen anzutreffende Unkündbarkeit die Rechte betont und über die Pflichten schweigt –, und radikal verschieden vom amerikanischen Konzept, wie Akio Morita, dem Sony-Chef, alsbald klar wurde:

»Im Jahr 1960 gründeten wir unsere Sony Corp. of America. Nach einigen Wochen stellte sich heraus, daß wir viele unbegabte Mitarbeiter engagiert hatten. Ich fragte meinen amerikanischen Kollegen: ›Was sollen wir bloß tun?‹ Er antwortete: ›Wir feuern sie einfach wieder!‹ Das war ein Schock für mich. Denn bei uns können wir unsere Mitarbeiter nicht einfach auf die Straße setzen. Deshalb hielt ich Amerika zunächst für ein Paradies des Managements – für ein Land, in dem sich ein Unternehmen leicht führen ließe.

Ein paar Jahre später erlebte ich den zweiten Schock. Unser Verkaufschef, den ich lange Zeit selbst ausgebildet hatte und der meine Philosophie genau kannte, war mir inzwischen ein sehr guter Mitarbeiter geworden. Eines Tages kam er zu mir und sagte, er wolle kündigen. Ich war verblüfft. Zu meinem Erschrecken entdeckte ich später, daß er zur Konkurrenz übergewechselt war. Er hatte mein gesamtes Know-how mitgenommen. Da wurde mir klar, wie riskant die Gepflogenheiten in den Vereinigten Staaten fürs Management sind.« (manager magazin 9/81)

Hier zeichnet sich klar ein deutlicher Vorzug des japanischen Systems ab: wenn ein Mitarbeiter nach menschlichem Ermessen sein Berufsleben in *einem* Unternehmen verbringt, dann ist es auch sinnvoll, auf seinen *lang*fristigen Beitrag zur Unternehmensleistung abzustellen. Der Mitarbeiter wird breit, an zahlreichen Aufgaben, ausgebildet. Zwar bringt jede »job rotation« *unmittelbar* eine Einbuße an Effizienz. Dies wird aber auf längere Sicht mehr als aufgewogen durch den breiter werdenden Horizont, durch das bessere Verständnis für die Zusammenhänge des Unternehmens. Gegenüber einem Mitarbeiter, von dem man nicht annehmen muß, daß er morgen bei der Konkurrenz anheuert, kann man mit offenen Karten spielen. Dieses wiederum fördert die Qualität der Mitarbeit: wer eine breite Informationsbasis hat und die Zusammenhänge begreift, ist auch eher in der Lage, sinnvolle, realistische, »richtige« Lösungen zu finden. Das wirkt sich sehr klar aus in den »quality circles«, der Gruppenarbeit zur Qualitätssicherung; Mitarbeiter mit solcher Übersicht und Sachkenntnis erzielen in der Tat eindrucksvolle Resultate – wie wir noch im einzelnen sehen werden.
Auch dieses hat wieder einen Rückkopplungseffekt. Ein Mitarbeiter, der nicht nur offiziell so heißt, sondern tatsächlich als solcher verstanden wird, der weiß, daß man von ihm mehr erwartet als 8 Stunden Schraubenanziehen, empfindet seine Arbeit auch nicht als das nun einmal unvermeidliche

Übel. Sein Platz in der Firma ist die Quelle seiner Achtung und Selbstachtung, wie bescheiden seine Position auch sein mag. Hinter seiner Arbeit muß deshalb auch kein Aufseher stehen; wie sollte er denn auch auf die Idee kommen, durch Bummelei oder Pfusch sich selbst herabzusetzen? Es ist doch die eigene Firma, der man auf Gedeih und Verderb verbunden ist, und der man daher auch mit Hingabe dient.

Die Firma bietet ihm, neben der wirtschaftlichen Sicherheit, die Möglichkeit, seine Talente zu entfalten und zu nutzen, seine Fähigkeiten und Kenntnisse zu erweitern, kurz: sich auszuleben. Die Firma ist, in einem bei uns schwer verständlichen Maß, der Mittelpunkt des Lebens.

So paßt auch ins Bild, was erstaunte Besucher über eine Erfahrung in japanischen Betrieben berichten: man denke, da hockten schon lange vor Arbeitsbeginn Leute zusammen und besprachen ein Produktionsproblem, und nach – offiziellem – Arbeitsschluß dasselbe. Auf Kosten der Freizeit?

Wieder so eine westliche Vorstellung. Warum sollte man denn so darauf versessen sein, den Platz hinter sich zu lassen, an dem man sich »warm« fühlt, wo man »zuhause« ist?

Und überhaupt: was soll der Japaner mit mehr Freizeit? Die Wohnung ist eng. Seine Frau ist keineswegs erpicht, den Herrn und Gebieter über Gebühr um sich zu haben und zu bedienen. So verbringt er die Abende lieber, so oft es die – meistens sehr großzügige – Spesenregelung der Firma oder das von der Frau bewilligte Taschengeld gestatten, mit seinen Spezis beim Mah-jong (chines. Brettspiel). Und diese Spezis sind – der Leser hat es längst erraten – praktisch immer die Arbeitskollegen. Und freie Tage? Gewiß, gelegentlich, mal einen, mal zwei. Aber was soll er denn mit mehr freien Tagen anfangen?[1] Vielleicht ins Grüne, oder an die See? Gewiß, gelegentlich. Aber das ist ein ziemlich teurer Spaß, und er findet es auch bald langweilig. Mit den Kindern im Zoo war er schon fünfmal, und das ewige Fernsehen wird man auch leid. Nein, mit viel mehr Freizeit sollte man die Japaner nicht erschrecken. Sie wären unglücklich, zumindest noch die gegenwärtige Generation. Man ist froh, wieder im Betrieb zu sein. Das macht Sinn. Da gehört man hin. »Frei«-zeit hat eher die Bedeutung von Leerzeit.

Verständlich, wenn ein amerikanischer Manager voller Neid sich solche Mitarbeiter wünschte. Hoffentlich hat er auch gesehen, daß die Beziehung Fir-

---

[1] In dem industriellen Bereich, den der Verfasser im einzelnen überblicken kann, beläuft sich der durchschnittliche Ferienanspruch aller Mitarbeiter auf 18 Arbeitstage. Tatsächlich genommen wurden davon 31 %, und selbst darin steckt noch eine Dunkelziffer; denn ein nicht genau zu eruierender Teil dieser »Ferien« waren Krankheitstage. Man ist nicht gern krank in Japan. Offiziell nimmt man lieber einen oder zwei Ferientage – den größeren Teil der Ferien läßt man ja sowieso »verfallen«.

ma-Mitarbeiter ein zweiseitiges, sorgfältig gepflegtes Verhältnis ist. Die Firma hat nicht nur nach dem derzeitigen Bedarf Arbeitsleistung eingekauft, sondern hat Menschen in eine Gemeinschaft aufgenommen, die mitreden und mitdenken dürfen – und sollen.

b) . . . und die Flexibilität.

Vielleicht sagt dieser Amerikaner, noch nicht recht überzeugt, aber auch: ich sehe in der Tat, daß wechselseitige Loyalität dieser Art die Leistung des Unternehmens steigert, ich sehe den Zusammenhang zwischen der Fürsorge und sozialen Sicherheit, die das Unternehmen bietet, und der hingebungsvollen Leistungsbereitschaft aller Mitarbeiter. Ich sehe auch, daß wir einiges davon lernen können. Aber dies scheint mir etwas zu viel heile Welt zu sein; hier ist eine vitale Frage noch nicht beantwortet:

- Was geschieht, wenn ein Unternehmen durch ein ausgedehntes Tief fliegt – sei es ein spezielles Tief dieses Unternehmens, sei es ein Konjunkturtief, sei es ein Tief für die betreffende Industrie? Es sind in jedem Fall nicht genügend Aufträge da, es stehen mehr Leute auf der Lohnliste, als sinnvoll und produktiv beschäftigt werden können. Wird das Unternehmen mit voller Belegschaft nicht schnell auf eine Katastrophe zutreiben? So einleuchtend die Meriten der Anstellung auf Lebenszeit sind, solange alles planmäßig läuft – wenn die Kasse leer ist, oder leer zu werden droht, und keine Hilfe von außen erwartet werden kann, sind noch so starke Gefühle wechselseitiger Loyalität allein keine Antwort.

Berechtigte Frage – das System der Anstellung auf Lebenszeit, so unbeweglich es zunächst aussieht, enthält in der Tat einige Flexibilität.
Die erste ist – einmal unterstellt, daß die Schwierigkeiten des Unternehmens noch nicht bis ins Mark gehen – die außerordentliche *Mobilität* aller Mitarbeiter, und zwar geographische Mobilität ebenso wie die Transferierbarkeit von einer Aufgabe zur anderen.
Eigentlich gehört diese Art von Flexibilität nur bedingt hierher; denn sie wird keineswegs nur in einer bedrängten Situation praktiziert, sondern gehört als Selbstverständlichkeit zum Alltag eines jeden Unternehmens. Aber sie gewinnt natürlich in harten Zeiten an Bedeutung.
Die Transferierbarkeit von einer Aufgabe zur anderen wird dem europäischen Betrachter noch verständlich sein. Wenn man englische Gepflogenheiten kennt, wo etwa ein Schweißer es als Zumutung empfinden würde, eine Maschine zu bedienen oder gar einen Lastwagen zu entladen, wird ohne weiteres einleuchten, daß größere Mobilität der Leistung des Unternehmens zugute kommen würde. In Japan gilt nicht nur als selbstverständlich, daß jeder

die Aufgabe übernimmt, die das reibungslose Funktionieren des Unternehmens sichert, hier fehlt nicht nur völlig die leicht beleidigte Einstellung, mit der bei uns gelegentlich eine andere Aufgabe als die gewohnte übernommen wird; sondern hier wird die Vielseitigkeit, die breite Ausbildung, die »job rotation« ohnehin als Selbstzweck betrachtet. Der Laborant arbeitet ab Montag als Verkäufer, der Vorarbeiter als Kundendiensttechniker? Ja gewiß, warum nicht?

Wenn diese Art von Mobilität schon in normalen Zeiten als Teil der Aus- und Weiterbildung verstanden wird, als Praxis, Mitarbeiter geistig rege zu halten und das Verständnis für die Zusammenhänge des Unternehmens zu fördern, dann kann sie in schwierigen Zeiten zur wirksamen Überlebenshilfe werden. Beispiel:

Die Autofabrik Toyo Kogyo (»Mazda«) hatte technisch auf den Wankelmotor gesetzt, viel eigene Feinarbeit geleistet und tatsächlich einen Durchbruch erzielt, der perfekt zu einer neuen gesetzlichen Situation paßte: der Motor entsprach, als zu jener Zeit einziger, den strengen kalifornischen Abgasvorschriften, damals den schärfsten der Welt. Große Euphorie; einige Fachleute sahen für 1980 einen Marktanteil von 75–95 % für Wankelmotoren. Aber 1974 wechselte die Szene schlagartig: Ölkrise. Wichtigstes Verkaufsargument war auf einmal der Benzinverbrauch, damals der schwache Punkt der Wankelmotoren. Die Verkäufe sanken rapide[1]. Entwicklungsarbeiten wurden nun auf die Wirtschaftlichkeit konzentriert, durchaus erfolgversprechend, aber Resultate würden einige Zeit brauchen; Zeit, die das Unternehmen kaum haben würde. Man hatte ein Absatzproblem, und außerdem auch noch gewisse Schwierigkeiten mit der Qualität. Antwort: mehrere tausend Mitarbeiter, etwa ein Fünftel der Belegschaft, wurden an die Verkaufsfront delegiert, zu den Niederlassungen und Händlern, als Verkäufer und als Kundendiensttechniker. – Heute ist das Unternehmen wiewieder gesund[1].

Eine Mobilität, die in Europa schwer vorstellbar ist, und sicher mit vielen persönlichen Opfern verbunden. Ein eindrucksvolles Beispiel entschlossener Selbsthilfe, das sich vorteilhaft abhebt von vergleichbaren Situationen bei uns, wo sich vermutlich

---

[1] Die Zahlen zeigen den Einbruch stärker im Ertrag als im Umsatz; zwei Faktoren spielen mit: bei dem scharfen Inflationsschub des Jahres 1974 stellt selbst ein nominell gleichbleibender Umsatz eine kräftige Einbuße im Real-Umsatz dar. Außerdem hat das Unternehmen offenbar schnell mit Rabatten u. ä. auf die sinkenden Verkaufszahlen reagiert:

		Umsatz	*Ertrag*
Geschäftsjahr bis Okt.	1972	344 264	13 184
	1973	456 185	12 757
	1974	518 242	8 215
	1975	496 488	./. 17 328
	1976	588 206	5 645
	1980	1 031 066	38 823 Mio

wieder eine etwas unheilige Allianz aus Firmenleitung, Belegschaft, Gewerkschaft und lokalen Behörden gebildet hätte, um nach der Hilfe des Staates, des Steuerzahlers zu rufen, der wieder einmal Arbeitsplätze retten sollte – die ja doch vorhanden, und bei entsprechender Leistungsbereitschaft auch nicht gefährdet waren.
Immerhin, wenn man solche Großaktionen beiseite läßt, werden die Vorzüge der Mobilität von einer Aufgabe zur anderen auch bei uns einleuchten, und einiges läßt sich in bedrängten Lagen vielleicht auch praktisch durchführen. Wesentlich schwieriger würde es vermutlich bei der geographischen Mobilität. In Japan ist es ein völlig normaler Vorgang, daß der Angestellte einer großen Firma mit mehreren Werken oder Niederlassungen für einige Monate, einige Jahre, vielleicht für immer an einen anderen Ort versetzt wird. Da gehen auch keine großen Diskussionen voraus – es gibt einen Marschbefehl, es bleiben einige Tage für »aisatsu«, die Abschiedsvisite bei allen Geschäftspartnern und mit wem man immer zu tun hatte, und der Mann steigt auf den Zug, höflich bewinkt von den engeren Mitarbeitern. Gepäck: ein Köfferchen. Denn wenn die Firma am neuen Ort einen Zweigbetrieb hat, dann hat sie auch ein Wohnheim – meistens spartanisch, sicher kein Einzelzimmer, aber mit Sicherheit ein »o-furo«, das geheiligte Gemeinschaftsbad, einen Wäschedienst, einen Frühstückstisch; mehr braucht es ohnehin kaum, denn mindestens für

einige Wochen wird unser Mann kaum je vor 11 Uhr »zuhause« sein – die menschlichen Beziehungen müssen aufgebaut werden, zu welchem Behufe sich die selbst in kleineren Städten dutzendweise vorhandenen Bars anbieten. Die Familie? Das findet sich, wenn er einmal Fuß gefaßt hat. Zunächst ist er Wochenendfahrer, und weil Kinder in Japan mit seinem hochkompetitiven Schulsystem nur unter Bedenken verpflanzt werden, bleibt er es oft für Jahre. Einen großen Unterschied für das Familienleben macht es eh nicht, denn zuhause war er auch vorher meistens nur zum Schlafen und zum Wochenende.

Auch hier: was schon zum normalen Berufsleben gehört, gewinnt zusätzliche Bedeutung in härteren Zeiten. Hat das Unternehmen mehrere Betriebe mit verschiedenen Fertigungen, dann wird es vermutlich nicht allen gleichzeitig gleich schlecht gehen. Vielleicht kann das Werk X dem in der Flaute segelnden Werk Y hundert Leute abnehmen? Für unsere Begriffe, wenn mit Umsiedlung unter vielleicht primitiven Umständen verbunden, eine Zumutung, die wiederum dem pragmatischen Japaner unverständlich ist: welcher Unsinn, daß in einer und derselben Firma hier Mangel an Arbeitskräften besteht, während sie dort Däumchen drehen! Gewiß ist eine Versetzung mit Unbequemlichkeit verbunden – aber es ist doch schließlich *unsere* Firma, sie sorgt für uns nach besten Kärften, und schließlich hatte man sich mit dem Eintritt ja auch

verpflichtet, persönliche Belange dem Wohl des Ganzen unterzuordnen.
Man kann sich unschwer vorstellen, um wieviel leichter ein Unternehmen bei solcher Einstellung eine Schlagseite bewältigt, in welchem Maße sich daneben die Frage der Arbeitslosigkeit von selbst erledigt. Aber es läßt sich auch das Gesicht des Buchhalters aus Gelsenkirchen vorstellen, dem man eröffnet, er sei ab Montag nächster Woche Einkäufer im Werk Ingolstadt.

c) Wenn es ernster wird . . .

Soweit also die Mobilität: wirksames Instrument für gewisse Schwierigkeiten, aber kein Allheilmittel. Doch hält das System weitere Flexibilitäten parat für Zeiten der Bedrängnis.
Zunächst eine etwas schnöde, die an sich gar keine Durchbrechung des Prinzips lebenslanger Anstellung darstellt, obwohl es hier zu Entlassungen kommt: wenn ein Unternehmen zu dem sonnigeren Teil der Wirtschaft gehört, in dem die lebenslange Anstellung praktiziert wird, heißt das nicht, daß diese für alle Beschäftigten gilt. Die Unternehmen haben neben der Stammbelegschaft auch Mitarbeiter auf Zeit, die als Puffer dienen: beschäftigt solange gebraucht, nicht unähnlich der Art, wie hier und da Gastarbeiter in Europa behandelt werden. Diese zu entlassen ist naturgemäß die Lösung, wenn die Schwierigkeiten des Unternehmens in der schlechten Auftragslage bestehen – eine Lösung für

das Unternehmen und seine Angestellten auf Lebenszeit, nicht allerdings für die betroffenen Mitarbeiter auf Zeit: diese werden uns noch in der großen Gruppe der »anderen Zweidrittel« wieder begegnen.

Anders sieht es aus, wenn nicht, oder nicht nur, die Auslastung des Unternehmens, sondern der Ertrag das Problem ist. Dann ist die Antwort – wenn man in diesem Zusammenhang die *strategischen,* fast immer nur langfristig wirksamen Maßnahmen zur finanziellen Gesundung des Unternehmens beiseite läßt – japanisch: da das Unternehmen, mit allen seinen Mitarbeitern, als wirtschaftliche Erfolgs- und Gefahrengemeinschaft verstanden wird, heißt es für alle gemeinsam, den Gürtel enger zu schnallen – Senkung der Löhne und Gehälter. Das Instrument dazu ist ebenfalls ein japanisches: der halbjährlich gezahlte Bonus. Die Leistungen unter diesem Titel gehen weit über das hinaus, was man bei uns zum Beispiel als Weihnachtsgratifikation kennt: sie belaufen sich, im großen Durchschnitt, auf ein Drittel der Gesamt-Jahresbezüge. Aber eben nur im großen Durchschnitt; einzelne Industrien, oder einzelne Unternehmen, können von der Leitmarke, die wieder ein nationaler Konsens setzt, erheblich abweichen. Als Faustregel kann gelten, daß die Hälfte des Bonus schlicht verspätet gezahlter Lohn ist, während die andere Hälfte eingebaute Flexibilität darstellt, teils um der Ertragslage des Unternehmens, teils um der persönlichen

Leistung des Einzelnen Rechnung zu tragen. Geht es dem Unternehmen also schlecht, werden die Bonusverhandlungen zwischen Firmenleitung und Belegschaft möglicherweise ergeben, daß nicht 6, sondern 4 Monatslöhne Bonus gezahlt werden. Statt 18 Monatslöhnen im Jahr gibt es also nur 16 – wobei nicht zur vergessen ist, daß die Flexibilität in beiden Richtungen spielt; in einem erfolgreichen Jahr sind es vielleicht 20.

Möglicherweise steckt nun aber das Unternehmen in größeren, strukturellen Schwierigkeiten; es genügt nicht, zu transferieren, die nichtständigen Mitarbeiter zu entlassen, und den Lohngürtel enger zu schnallen. Es geht ans Eingemachte, das Unternehmen wird ohne »echte« Entlassungen seine Schlagseite nicht bewältigen können. Auch diese Operation geht auf japanische Art vor sich. Gilt in USA der Grundsatz »last hired – first fired«, so ist es in Japan umgekehrt: abgebaut wird an der Spitze der Alterspyramide. Dies ist die fast zwangsläufige Konsequenz der altersabhängig steigenden Löhne – der ältere Mitarbeiter ist der teurere. Jüngere zu entlassen bringt nicht viel, und außerdem ist die längerfristige Zukunft des Unternehmens nicht aus dem Auge zu verlieren: diese jetzt Jüngeren werden in einigen Jahren das Unternehmen tragen. Hier eine Lücke in der nachwachsenden Generation von sorgfältig und vielseitig ausgebildeten Mitarbeitern entstehen zu lassen, würde lebensgefährlich werden. Unausweichliche Schlußfolgerung:

das Unternehmen muß sich von den Älteren, Höherbezahlten, weniger modern Ausgebildeten, und im Durchschnitt auch weniger Leistungsfähigen trennen. Das ist einerseits einleuchtend, scheint andererseits hart – und ist es auch; »katatataki«, der sprichwörtliche Handschlag auf die Schulter, mit dem man den Älteren nahelegt, sich pensionieren zu lassen, ist gefürchtet. Und doch ist die Situation nicht ganz so hart, wie sie aussieht. Es handelt sich ja meistens darum, ein oder zwei Jahre früher auszuscheiden, als ohnehin vorgesehen war. Die »zweite Karriere« beginnt also etwas früher, und da diese in einem kühleren Klima stattfindet, stellt das vorzeitige Ausscheiden zwar immer noch eine Härte dar, die aber nach Kräften gemildert wird. Erstens wird die bei der Pensionierung fällig werdende Kapitalabfindung aufgestockt. Zweitens bemüht sich das Unternehmen mit großer Ausdauer, und meistens mit Erfolg, die Ausscheidenden anderweitig unterzubringen.
Man kann diese Praxis mit den Augen des Sozialpolitikers sehen, am menschlich Wünschbaren messen, und die Nase rümpfen. Man kann auch etwas weiter denken und nicht nur die Überlebenschancen des Unternehmens einbeziehen, von dem ja auch andere Existenzen abhängen, sondern auch die – allen zugute kommende – Leistungsfähigkeit des gesamten Wirtschaftssystems – die letzten Endes davon bestimmt ist, ob in jeder einzelnen Einheit auf Leistung abgestellt wird; wobei hier eben

vorausgesetzt werden darf, daß die Härten erträglich bleiben. Es scheint, daß die doch tief in der bäuerlichen Gesellschaft verwurzelten Japaner leichter mit den natürlichen Realitäten des Lebens zurechtkommen, zum Beispiel mit der Tatsache, daß die Leistungsfähigkeit des älteren Menschen absinkt, daß die Fürsorge, so ernst sie in Japan genommen wird, eine Grenze an den effektiven Möglichkeiten findet. – Aber stellen wir solche Überlegungen noch etwas zurück, bis wir einen Blick ins Souterrain geworfen haben, auf *den* Teil der japanischen Industriegesellschaft, in dem es von vornherein etwas rauher zugeht (s. »Eine Wirtschaft in zwei Schichten«, S. 147ff.).

9. Gewerkschaften

Interessenvertretungen der Arbeitnehmer haben sich in den Industrieländern nach unterschiedlichen Kriterien gruppiert.

Nehmen wir das englische Beispiel: Arbeiter sind im Prinzip nach Berufen organisiert und zwar sehr eng und scharf definierten Berufen. Der Schweißer gehört einer anderen Gewerkschaft an als der Schlosser. In einem Betrieb kann es also eine ganze Reihe von Gewerkschaften geben, die offenbar eifersüchtig ihr Territorium abgrenzen. Wehe, wenn der Schweißer eine Schraube anzieht. Hier kommt es gelegentlich zu eher grotesken Arbeitskonflikten, in denen eine kleine Minderheit den ganzen Betrieb lahmlegt. Hinter dieser rigorosen Praxis steht nicht nur gewerkschaftliche »Disziplin«; auch der einzelne Arbeiter, in einem eigenartigen Berufsstolz, empfindet es als Zumutung, wenn er zu einer Arbeit herangezogen wird, die nicht zu seinem streng und eng umrissenen Berufsbild gehört.

Das deutsche System der Industriegewerkschaft

stellt sich insoweit vernünftiger dar. Die Arbeiter eines Betriebes der metallverarbeitenden Industrie, soweit organisiert, gehören der IG Metall an, auch wenn sie z. B. Modellschreiner sind. Arbeitskonflikte der beschriebenen englischen Art gibt es nicht. Das System ist außerdem ökonomisch; Lohnverhandlungen – eine unproduktive Tätigkeit – werden zwischen dem gewerkschaftlichen Landesverband und der entsprechenden Arbeitgebervereinigung geführt, also an *einer* Stelle für eine Vielzahl von Betrieben. Insgesamt ein System, das sich bewährt hat.

Wie machen es die Japaner? Sie machen es wieder einmal anders.

In der europäischen Presse findet man gelegentlich eine kurze Meldung über Lohnforderungen z. B. der Lokführergewerkschaft (dōryokusha, kurz dōrō) – nicht etwa der *Eisenbahner*-Gewerkschaft; das läßt an das englische Beispiel denken. Oder man hört von einer Chemiearbeiter-Gewerkschaft, z. B. kagaku dōmei und denkt an das deutsche System. Beides ist mindestens irreführend und letzten Endes falsch. Die japanische Gewerkschaft ist – wie kann es in einem System, in dem das einzelne Unternehmen dominierender Bezugspunkt ist, anders sein? – *Firmen*gewerkschaft. Sie gehört oft, aber nicht immer, einem Verband an, der wiederum Mitglied eines Dachverbandes sein kann. Aber diese übergeordneten Verbände sind sehr lose organisiert; sie geben in der jährlichen Lohnrunde

Empfehlungen, mit mehr oder weniger politischen Untertönen. Aber sie verhandeln nicht. Verhandelt wird in der einzelnen Firma, zwischen der Firmengewerkschaft und der Firmenleitung. Gestreikt wird firmenweise. Und man einigt sich firmenweise.

Ja, gestreikt wird auch – aber natürlich à la mode japonaise, und dann auch stark nach Art des Hauses; in manchen Firmen z. B. traditionell überhaupt nicht. Weitaus häufiger – und praktisch die Norm – ist eine Streiksymbolik in verschiedenen Abstufungen. Vertrauter Anblick während der jährlichen Lohnrunde im Frühjahr: alle Mitarbeiter unterhalb des Ranges kacho – sagen wir: Unterabteilungsleiter – tragen eine rote Arm- oder Stirnbinde mit einem passenden Slogan. Die Arbeit freilich geht normal weiter.

Eine Nuance härter werden die Dinge, wenn die Belegschaft – untergehakt und in Schlangenlinien das Firmengebäude umrundend – ihren Forderungen öffentlich und akustisch Nachdruck verleiht, wobei ein paar Handlautsprecher nicht fehlen sollten. Es sieht enorm radikal aus, findet aber in aller Regel in der Mittagspause statt. Um 1 Uhr geht es wieder an die Arbeit. Noch verblüffender für einen Besucher ist eine andere Form leichter Verschärfung: auf den Armbinden steht – in verbalhorntem Englisch, denn bezeichnenderweise gibt es für Streik kein japanisches Wort – »im Streik«, während aber die Arbeit weitergeht. Grotesk? Nein, eigentlich eine sehr intelligente Erfindung. Jeder weiß natürlich, daß ein »richtiger« Streik nur das Volumen schmälert, das zur Verteilung verfügbar ist; man würde ins eigene Fleisch schneiden, und möglicherweise benutzt die Konkurrenz die gute Gelegenheit, am eigenen Unternehmen vorbeizuziehen. Andererseits gebietet es die Selbstachtung, wenn sich in einer Lohnverhandlung die Stimmung verschärft hat, eine starke show. Lösung: der *symbolische* Streik, der aber seinen Zweck durchaus erfüllt, weil er ernst genommen wird, der aber dem Unternehmen und damit den Streikenden keinen Schaden zufügt.

In manchen Unternehmen hat sich für das obligatorische Droh- und Imponiergehabe ein anderes Ritual entwickelt. Bei der Hankyu Densha, einer vorzüglichen Privatbahn (die den Verfasser getreulich und pünktlich, während der rush hour in sehr intimem menschlichen Kontakt, einige Jahre lang an seinen Arbeitsplatz befördert hat), brechen die Lohnverhandlungen traditionell einige Stunden vor der gesetzten Frist zusammen; die Hausgewerkschaft ruft einen dreitägigen Streik aus. Am nächsten Morgen wird, man glaubt es kaum, tatsächlich gestreikt, auf den Geleisen findet intensiver Fußgängerverkehr statt. Gleichzeitig wird aber auch weiterverhandelt und, mit schöner Regelmäßigkeit, am späten Vormittag eine Einigung erzielt – ab Mittag fahren die Züge wieder. Ein eingefahrenes, bewährtes Ritual, niemand hat Gesicht verloren; die Gewerkschaft hat gezeigt, daß sie vor einem »richtigen« Streik nicht zurückschreckt, die Direktion, daß sie sich nicht einschüchtern läßt – und der Schaden ist minimal, denn die meisten Benutzer der Bahn um diese Tageszeit haben ohnehin Monatskarten.

Was immer die in einer Firma übliche Variante sein mag – das Ergebnis ist für den Eingeweihten nach den ersten zwei Verhandlungen einer Lohnrunde ziemlich genau vorhersagbar, und insoweit handelt es sich in diesen Fällen – es dürften etwa 90 % aller Firmen sein – um ein Ritual. Die restlichen zehn Prozent sind die Fälle, in denen etwas schief gelaufen ist. Vielleicht hat die Direktion den Eindruck erweckt, sich nicht seriös mit den Lohnforderungen auseinanderzusetzen, vielleicht hat sich die Gewerkschaft unter politischem Einfluß radikalisiert – jedenfalls kommt es zu einem härteren Streit. Meistens gelingt es mit einiger Verspätung doch noch, die Situation einigermaßen zu bereinigen. Gelegentlich allerdings geht die Rationalität völlig in Emotionen unter, keine der beiden Seiten glaubt, noch einlenken zu können, ohne das Gesicht zu verlieren, und es entsteht ein Schwelbrand der Mißstimmung, der manchmal jahrelang in einer für alle Beteiligten recht unerfreulichen Weise vor sich hinkokelt – die seltene Ausnahme, aber sie kommt vor.

Zum Ausgangspunkt zurück: was immer geschieht, es geschieht firmenweise. Das klingt umständlich:

Tausende von Lohnverhandlungen statt einer. Es klingt vielleicht auch ungerecht, wenn man bedenkt, daß die Einigung in einem Betrieb deutlich anders aussehen kann als die im nächsten.

Zunächst die Umständlichkeit: es ist etwas daran, aber es ist auch wieder nur halb so schlimm. Denn Lohnverhandlungen folgen einer eingefahrenen Prozedur, die in der bei weitem überwiegenden Mehrzahl ökonomisch arbeitet. Drei bis vier Verhandlungstreffen, in der Regel nach Feierabend, selten über 2 Stunden dauernd, sind die Norm.

Dann zur Ungerechtigkeit. Hier kommt man auf den Kern der Dinge. Wer am Prinzip der Gleichheit orientiert ist, und daraus – in einem allerdings sehr vordergründigen Verständnis der Gleichheit – einen moralischen Anspruch auf gleichen Lohn in einer bestimmten Industrie ableitet, mag in unterschiedlichen Löhnen von Firma zu Firma in der Tat eine Ungerechtigkeit sehen; ein Schluß, dem Japaner – Pragmatiker, die sie sind, und abstraktem Philosophieren abhold – verständnislos gegenüberstehen, und der für sie etwas nach kindischem Herumtrotzen aussieht. Man hat es, unter erwachsenen Menschen, mit einer praktischen Situation zu tun, hat die Ansprüche der Gegenwart gegen die Zukunft der Firma abzuwägen, und eine angemessene Antwort zu finden. Ist wenig Geld in der Kasse, sieht es auch für das nächste Jahr nicht allzu gut aus? Dann ist offenbar auch weniger zu verteilen. Oder ist der Topf voll, war die Firma erfolgreich?

Dann waren auch alle daran beteiligt, und alle haben Anspruch auf einen Anteil.
Ungleiches Ergebnis von Fall zu Fall? Genau das ist die Stärke des Systems: die elastische Anpassung an die Situation. Wenn alle gemeinsam den Gürtel ein oder zwei Löcher enger schnallen, wird das Unternehmen oft eine schwierige Lage meistern, bevor sie sich zu einer Existenzkrise auswächst.
Diese Flexibilität hat weiterhin einen industriepolitischen Aspekt: man hat eingewendet, daß es für ein Unternehmen – oder eine bedrängte Industrie – schwierig sein würde, jüngeren Nachwuchs zu rekrutieren, wenn in diesem Unternehmen – oder dieser Industrie – Lohnerhöhungen und Bonus dauernd hinter dem Landesdurchschnitt zurückbleiben. Ausgezeichnet. Dauernde Minderleistung deutet auf strukturelle Schwäche, vielleicht ohne langfristige Überlebenschancen. Warum durch künstlich hochgehaltenes Lohnniveau junge Leute in Unternehmen locken, die ihre Zukunft bereits hinter sich haben, statt in die Industrien, denen die Zukunft gehört, die sichere Arbeitsplätze und eine Karriere bieten, und die mehr für ihre Mitarbeiter erwirtschaften können? Zu einer gesunden Wirtschaft gehört, Ressourcen erfolgversprechend, beim »besten Wirt« einzusetzen– das gilt vom Kapital ebenso wie von den menschlichen Ressourcen; nur so wird die Prosperität geschaffen, an der die daran arbeitenden Menschen auch wieder teilhaben können.

Das japanische System, firmenweise auszuhandeln, was den Mitarbeitern zukommt, hat den Vorzug, jedermann deutlich zu machen, wo die Zukunft und wo die Vergangenheit liegt, die Ressourcen an die richtige Stelle zu leiten, und damit manche Unternehmens- oder Industriekrise gar nicht erst entstehen zu lassen.

10. Eine Wirtschaft in zwei Schichten

Wir haben uns in einiger Ausführlichkeit mit dem sonnigeren Teil der japanischen Wirtschaft befaßt, der (fast) heilen Welt, in der das System der Anstellung auf Lebenszeit gilt – ein System mit deutlich elitären Zügen: außergewöhnliche Leistungsbereitschaft, aber auch ein außergewöhnlich breiter Raum, seine Talente zu entwickeln und anzuwenden, großzügige Entlohnung, vielfache Sozialleistungen. Jedoch: für ein Drittel aller Werktätigen. Naheliegende Frage: was ist mit den anderen zwei Dritteln?

Hier werden sich die Geister scheiden; denn in der Welt der zwei Drittel herrscht ein kühleres Klima – kühler in einem Maße, das auf idealistische Vorstellungen revoltierend wirkt. Die Welt der zwei Drittel – mit fließenden Übergängen – ist die Welt der kleineren und kleinen Betriebe, der abhängigen Zulieferer. Hier wird härter gearbeitet, sind die Löhne niedriger, die Chancen für eine breite Ausbildung und Weiterbildung geringer, die sozialen Sicherheiten schwächer.

Die in Japan große und wichtige Gruppe der Zulieferer, der »subcontractors« – sie wird uns noch näher beschäftigen – unterscheidet sich nicht unbedingt wie Tag und Nacht von ihren großen Auftraggebern. Der etablierte Zulieferer einer erfolgreichen Großfirma wird zwar harten Leistungsanforderungen unterzogen – hinsichtlich Qualität, Preis, Liefertermin –, lebt aber auch unter dem Schutz eines wechselseitigen Treueverhältnisses, das Geschäftspartner in Japan aneinander bindet. Man findet hier hochspezialisierte, daher auf ihrem Gebiet außerordentlich leistungsfähige – und prosperierende Firmen.

Aber das ist die Oberschicht der Zulieferer. Diese für beide Seiten befriedigende Symbiose von »Mutterfirma« und Zulieferer – hart in den Anforderungen, aber doch aufgebaut auf Anstand und Fairneß – darf man nicht als selbstverständlich betrachten. Viele Auftraggeber stehen selbst in einem rauhen Wettbewerb, kämpfen selbst ums Überleben. Da bleibt nicht viel Raum für patriarchalische Fürsorge. Die Zulieferer werden ausgequetscht, und ihre »Betriebe« sehen auch danach aus: schäbige Schuppen, harte Maloche – solange Aufträge da sind. Wenn nicht . . . von Dingen wie lebenslanger Anstellung kann der Mann im »sweat shop« nur träumen.

Eine Wirtschaft in zwei Schichten, wenn auch mit gleitenden Übergängen: hier der peinlich saubere, hochmoderne Betrieb, Firmenuniform, hohe Löh-

ne und Sozialleistungen, Anstellung auf Lebenszeit; und dort die Bruchbude, in der zu sehr viel härteren Bedingungen geschuftet wird.
Ungerecht? Sozial verkümmert? Für ideologisch gefärbte Sozialvorstellungen wohl. Japaner sind aber keine Ideologen, sondern Pragmatiker. Für sie liegt in dieser zweischichtigen Wirtschaftsstruktur keineswegs eine Ungerechtigkeit. Denn woran entscheidet sich, wer auf der sonnigeren, und wer auf der kühleren Seite der Wirtschaft beschäftigt ist? An den durchaus objektiven Kriterien der besseren Eignung, die sich zu erweisen hat in einer Kombination von Begabung, Fleiß und Disziplin: Japaner sind von Kindesbeinen an gewöhnt an Wettbewerb, der mit dem Eintritt in die »besseren« Kindergärten beginnt. Die Grundschule ist natürlich obligatorisch; gleichwohl gibt es Aufnahmeexamen. Denn es hängt einiges davon ab, in *welche* Schule man aufgenommen wird. Zwölf Jahre »shiken jigoku« – Examenshölle. Für jede Versetzung in die nächste Klasse – und zum Warmhalten noch einmal zwischendurch –: Examen. Zum Übergang auf die nächsthöhere Schulstufe – Examen. Hat es nur zu einer zweitrangigen »junior high school« gereicht? Dann sieht es schlecht aus auf der nächsten Stufe, der »senior high school«: auch hier wird es vermutlich nur zu einem Institut der zweiten Garnitur langen. Und was bei uns ein Gelegenheitsjob für Studenten ist – Nachhilfeunterricht – ist in Japan eine blühende Industrie: »juku«, voll ausge-

baute Privat-Nachhilfe-Schulen, die gezielt auf das nächste Stadium der Examenshölle vorbereiten. Es wird erbarmungslos gesiebt. Nur die besten und Fleißigsten schaffen den Zugang zu den besten Universitäten – die nicht ganz so guten nur zu den zweitbesten, und die Schwächeren nehmen diese Hürde überhaupt nicht mehr. Für die Zulassung zu den Elite-Universitäten, die eine ansehnliche Karriere praktisch garantiert, spielt Vaters Geld keine Rolle (wenn es auch bei den rangniederen Privat-Universitäten immer wieder »Fälle« gibt – die aber als Skandal empfunden werden). Der Rang der Schulbildung bestimmt weitgehend, wer sich mit Aussicht auf Erfolg bei einer der renommierten Großfirmen bewerben kann – zur Einstellungsprozedur, zur Aufnahme in die »Familie« des Unternehmens gehört natürlich wieder ein Aufnahme-Examen.

Wenn es nicht gereicht hat, nun, dann reicht es vielleicht zur Einstellung in einem zweitbesten Unternehmen, oder vielleicht auch eben nur zu einem Kleinbetrieb, einem Zulieferer beispielsweise. Gewiß, Lohn und Entwicklungsmöglichkeiten sind erheblich geringer. Aber ist nicht offensichtlich auch das Potential des Bewerbers geringer? Was ist natürlicher als daß die Talente, die während der Ausbildung als die Begabteren und Fleißigeren Ausgewiesenen auch die anspruchsvolleren Aufgaben zugewiesen bekommen und entsprechend besser bezahlt werden? Wenn bei uns ein erhebliches soziales Gefälle als ungerecht gilt, empfinden Japaner wiederum unsere Einstellung als weltfremd und unverständlich. Es gibt nun einmal auf dieser Welt interessante und weniger interessante jobs. Das Auswahlkriterium ist die erwiesene Leistung, jedermann hat die gleichen Chancen, sich zu qualifizieren. Was ist daran ungerecht? Wäre es nicht pervers, dem Bummelanten im Namen sozialer Gerechtigkeit das gleiche zu geben wie dem Fleißigen? Dem, der leistet und zum Ergebnis beiträgt das gleiche wie dem, der nicht oder wenig leistet?

Hier wendet sich der europäische Sozialpolitiker mit Grausen. Sein Verdikt ist klar: genau *das* wollen wir nicht; der Erfolg von hundert Jahren Sozialpolitik ist es gerade, dieses starke Gefälle beseitigt zu haben, die Härten auszugleichen, dem Schwächeren mehr zu geben, als eine freie (Arbeits-) Marktwirtschaft für ihn bereithält. Wenn das japanische Wirtschaftswunder tatsächlich auf einem als Leistungszwang wirkenden starken sozialen Gefälle beruht, dann beruht es eben auf sozialem dumping. Dann ist Japan für uns kein Beispiel, von dem man lernen könnte; eher umgekehrt.

Aber so einfach liegen die Dinge nicht. Ob eine Gesellschaft sozial oder nicht sozial ist, wird hier zu vordergründig, zu oberflächlich behandelt; die Dimension der *Folge*wirkungen vermeintlich sozialen Handelns bleibt außer Betracht. Eine parallele Situation ist uns schon in Miti's Politik gegenüber den »sunset«-Industrien begegnet: eine Politik, die in

Kauf nimmt, Arbeitsplätze – genauer: die *derzeitigen* Arbeitsplätze – zu gefährden, und daher als kühl und hart, als unsozial erscheint, die sich aber bei näherem Zusehen in den Langzeitwirkungen als eminent sozial erweist.

Ebenso ist in der Sozialpolitik auseinanderzuhalten, was sozial *aussieht,* und was auf längere Sicht sozial *ist.* Keine Ideologie, keine Regierung, keine Wirtschaft der Welt kann mehr verteilen, als produziert wird – gewiß keine umwerfende Erkenntnis, und doch wird sie von der Sozialpolitik in der Hitze des Gefechtes gern übersehen. Die Japaner haben diese triviale Wahrheit nie aus den Augen verloren. Gut, der Wettbewerb für eine erfolgsträchtige Ausbildung, um Aufnahme in eine Großfirma mit all ihren Chancen ist hart. Aber dieser Wettbewerb hält auch das Leistungsniveau hoch – ein Leistungsniveau, das *allen* zugute kommt, auch und gerade den Schwächeren. Die Alternative wäre: Abbau der Leistungsanreize, Nivellierung, sinkende Gesamtleistung des Systems – was bei einer Bevölkerung von 115 Millionen, zusammengepfercht auf ihren Inseln, von Haus aus bettelarm, noch übrig bleiben würde für die Schwachen, läßt sich vorstellen.

Über das ganze gesehen – wenn auch im einzelnen sicher mit offenen Fragen – ist das japanische, auf Leistung getrimmte System auf eine intelligente – weil weiterblickende – Art sozial: es bettet die Schwächeren nicht sonderlich bequem, aber mit Si-

cherheit bequemer, als es ein noch so wohlgemeintes, aber leistungsindifferentes System je könnte, weil es einfach nicht genügend Substanz produziert, die sich umverteilen ließe.
Dem Sozialpolitiker europäischer Schule, der von einem erheblichen sozialen Gefälle hört, von Löhnen am unteren Ende der Skala, die sich in einem wohlhabenden Land tatsächlich bescheiden ausnehmen, schießt möglicherweise das Stichwort »Mindestlohn« durch den Kopf. In der Tat ein Aspekt, der zu diskutieren ist – interessant besonders, wenn ein oft übersehenes Korrelat des Mindestlohnes einbezogen wird, nämlich die Arbeitslosigkeit. Es trifft sich, daß der Verfasser, zwei Tage bevor diese Zeilen geschrieben werden, ein »subcontracting arrangement« durchzusehen und für ein Jahr zu verlängern hatte: eine Gruppe von sechs Leuten – ein Mann, der als Organisator und Sprecher fungierte, und fünf ältere Frauen –, eine Art selbständige Kooperative, war seit Jahren damit beschäftigt, Chemikalien für kleinere Kunden in kleinere Verpackungseinheiten umzufüllen. Theoretisch gibt es auch in Japan ein Mindestlohnsystem, das aber praktisch keine große Rolle spielt – sei es, weil es sich im Einklang mit den Realitäten des Arbeitsmarktes befindet, sei es, weil Stundenlohn-Vorschriften nicht ohne weiteres anwendbar sind. So auch hier: das Entgelt bemißt sich nach der umgepackten Menge, nicht nach der Zahl der gearbeiteten Stunden. Auch ein rechnerischer Stunden-

lohn ließe sich von außen kaum ermitteln: die Gruppe arbeitet sehr flexibel, je nach Arbeitsanfall und verfügbarer Zeit. Aber sicher käme man bei genauerer Untersuchung auf einen recht bescheidenen Lohn pro Stunde. – Ausbeutung?

Vorsicht. Es sind ältere Frauen, um die 55–60. Ausbildung: keine. Was würde geschehen, wenn das Gesetz einen Mindestlohn pro Stunde festlegt, der etwa dem landesüblichen Durchschnitt für einen ungelernten Arbeiter in fester Anstellung entspricht? Diese Frauen wären vermutlich arbeitslos. Ihr Beitrag an das Sozialprodukt wäre negativ. Der Gesetzgeber würde, durchaus wohlmeinend, fünf Menschen daran hindern, den Beitrag zu leisten, den sie leisten können und wollen – kein gewaltiger Beitrag, und auch nur entsprechend entlohnt; aber immerhin, ein Beitrag, der ihnen ein bescheidenes Auskommen aus eigener Kraft sichert, und ihnen die Selbstachtung läßt.

Noch bedenklicher kann sich ein gesetzlicher Mindestlohn auf unrealistischem Niveau zu einem sozialpolitischen Mißverständnis entwickeln, wenn es sich um Jugendliche handelt. Gedacht als Schutzvorschrift, und bei vernünftiger Anwendung auch sinnvoll, oft notwendig; wenn übertrieben, kontraproduktiv: wer keine Leistung erbringt, die den Mindestlohn rechtfertigt, wird vermutlich nicht eingestellt. Das ist bei Jugendlichen eine besonders unsoziale Folge eines nicht genügend durchdachten oder unrealistisch angewandten Gesetzes: Jugendliche erbringen *noch* nicht diese Leistung, weil sie keine Ausbildung und Praxis haben, *könnten* sie aber im Prinzip erbringen. Ein Teufelskreis: keine Ausbildung und einschlägige Erfahrung – keine Anstellung; keine Anstellung – daher keine Möglichkeit Berufserfahrung zu sammeln. Ein trauriges Bild, das sich besonders in den USA, verbreitet auch in England, in geringerem Maße in Deutschland bietet.

In Japan ist Arbeitslosigkeit im allgemeinen, und Jugendarbeitslosigkeit im besondern ein sehr viel geringeres Problem. Fast jeder, der arbeiten will, findet Arbeit; nicht notwendigerweise zu – in anderen Ländern – oft unrealistischen Mindestlöhnen, die das Gesetz definiert, sondern zu markt- und leistungsgerechten Löhnen.

Japan hat sich auch hier entschieden, wie es seinem Stil entspricht: ohne weltverbessernde Träumereien, pragmatisch und leistungsorientiert, vordergründig kühl, im Effekt aber auf eine intelligente Art sozial.

Zur Abrundung ein Blick auf die soziale Versorgung im Krankheitsfall, und zwar bei längerer Krankheit. Das System sieht auch für unsere Begriffe recht normal aus: während der ersten vier Krankheitstage zahlt die Firma den vollen Lohn, danach vergütet die nationale Krankenversicherung (üblicherweise als NHI – *N*ational *H*ealth *I*nsurance – zitiert) 60 % des Bruttolohnes, sofern die Firma dem NHI angeschlossen ist – für alle Betriebe mit 5 oder mehr Beschäftigten obligatorisch. Wieviel Prozent der Nettobezüge die NHI-Leistungen darstellen, hängt naturgemäß mit der Einkommensteuer-Belastung zusammen; 75 % dürften etwa der Durchschnittswert sein.

Diese Zahlen sind aber irreführend, wenn nicht der Begriff Bruttolohn näher definiert wird: Bruttolohn im Sinne des NHI-Systems ist, im Falle eines im Monatslohn stehenden Beschäftigten, was eben am Monatsende oben auf dem Lohnzettel steht. Die Jahresbezüge sind aber erheblich höher als das Zwölffache des Monatslohnes: wir hatten schon früher gesehen, daß im Jahr noch etwa sechs Monatslöhne als Bonus dazukommen. Für die NHI-Leistungen wird der Bonus nicht berücksichtigt.

Was aber geschieht mit dem Bonus im Falle längerer Krankheit? Nehmen wir ein praktisches Beispiel:

In der Firma X haben die Bonusverhandlungen zwischen der Geschäftsleitung und der Hausgewerkschaft ergeben, daß im Firmendurchschnitt 7 Monatslöhne zu zahlen sind. Der Angestellte H hat in der Referenzperiode (1. Nov. 1978 – 31. Okt. 1979) von 244 Arbeitstagen 45 wegen Krankheit versäumt, also 18,4 %. Seine Leistung galt ansonsten als über dem Durchschnitt liegend, und sein Bonus wäre daher ohne die Krankheit 7,6 gewesen. Tatsächlich erhielt er einen Bonus von 6 Monatsgehältern, was einer Kürzung von 21 % entspricht – nicht dramatisch mehr, als der versäumten Arbeits-

zeit entspricht, aber doch spürbar. – Soweit der Bonus für sich betrachtet.
Vergleicht man hingegen die Jahresbezüge – Substituierung des monatlichen Gehaltes für 41 Tage durch NHI-Leistungen außer acht gelassen –, ergibt sich eine Differenz im umgekehrten Sinne: statt 12 plus 7,6 Monatsgehältern, die H ohne die Krankheit bezogen hätte, erhielt er insgesamt 18, also 8,2 % weniger – gegenüber einem Arbeitszeitversäumnis von 18,4 %.
Wieder eine recht japanische Denkweise: der Mann war tatsächlich elend krank, und es wird für ihn gesorgt. Seine Einkommenseinbuße über das ganze Jahr – besonders wenn er vom Steuer-Jahresausgleich Gebrauch macht – ist gering. Für *den* Teil der Bezüge aber, der definitionsgemäß mit davon bestimmt wird, was der Betreffende zur Gesamtleistung der Firma beigetragen hat – nämlich der Bonus –: nun, da läßt sich eben nicht verheimlichen, daß für einen Teil des Jahres die Leistung ganz ausgefallen ist, und für einen weiteren Teil vermutlich nur begrenzt erbracht wurde. Und an diesem Teil der Jahresbezüge wird daher auch klar gekürzt.
Die soziale Krankenversicherung in Japan läßt sich nicht ohne weiteres mit der z. B. in Deutschland vergleichen; nicht etwa wegen der Unterschiede im System, sondern weil die Umwelt verschieden ist: die Abwesenheitsquote wegen Krankheit liegt in Japan leicht über 1 %, in Deutschland bei 10 %. In Japan sind offenbar die allgemeine Leistungsbereit-

schaft und die Korrektheit im Umgang mit einer solidarischen Versicherungseinrichtung intakt. In der Tat besteht, wenn nur knapp ein Drittel des gesetzlich oder vertraglich zustehenden Urlaubs in Anspruch genommen wird, keine Veranlassung, die Krankenversicherung für zusätzliche Ferientage zu mißbrauchen. Dennoch kommt im japanischen System, nämlich beim Bonus, wieder das Element der Leistungsbezogenheit zum Vorschein. Man darf mit Sicherheit davon ausgehen, daß sich in Japan gegen größeren Mißbrauch einer Versicherungseinrichtung – gäbe es ihn – alsbald Gegenkräfte formieren würden; der gleichen hellwachen öffentlichen Meinung, die sich gegen die kalte Steuerprogression zur Wehr setzt, würde nicht entgehen, daß ein direkter Zusammenhang besteht zwischen dem Mißbrauch und der Höhe der Beiträge – die in Japan mit durchschnittlich 7% des Bruttolohnes für die gesamte Sozialversicherung einen Bruchteil der bei uns notwendigen Größenordnungen darstellen. Drängt sich bei den horrend unterschiedlichen Abwesenheitsquoten wegen Krankheit – zehnfach höher in Deutschland – ein Seitenblick auf? Der Einwand mag naheliegen, daß Japaner möglicherweise *zu* zögernd krankfeiern, sei es, weil damit gewisse finanzielle Einbußen verbunden sind, sei es, weil man sich geniert, krank zu sein und nichts zur Unternehmensleistung beizutragen – mit der Folge, Raubbau an der Gesundheit zu betreiben. Doch dieses läßt sich auf einen Blick widerlegen: die Le-

benserwartung in Japan ist seit Kriegsende kontinuierlich angestiegen, und liegt heute an der Spitze aller Industrieländer. Mit dem Raubbau ist es also nichts. Wir sagten, die Umwelt in beiden Ländern ist verschieden. Warum ist sie verschieden?
Ist es möglicherweise kein Zufall, daß die enorme Verschlechterung des Gesundheitszustandes der Deutschen zeitlich zusammenfällt mit dem Lohnfortzahlungsgesetz von 1969? Wenn ein niederbayrischer Betrieb in jedem Jahr von einer mysteriösen Krankheitswelle heimgesucht wird zur Zeit der Hopfenernte? Zwei Beispiele für viele ähnliche Fragen – läßt sich im Ernst bezweifeln, daß mit der Lohnfortzahlung auf breiter Front Mißbrauch getrieben wird? Welche Korrekturen vorzunehmen wären, offenbar dringlich, soll uns hier nicht beschäftigen.
Was uns mehr interessiert, ist die Fehlleistung des Gesetzgebers als Beispiel für einen gefährlichen Trend: in vordergründig sozialer Absicht systematisch Anreize zu schaffen für eine unfaire Ausbeutung des Systems zu Lasten der Allgemeinheit, auf eine unintelligente und undurchdachte Art sozial sein zu wollen, im Effekt das Gegenteil zu erreichen. Leistungsfeindlich, mißbrauchsfreundlich – bis zu einem Grade, daß sich in einem doch von Haus aus fleißigen Volk das korrekte Mitglied eines Systems sozialer Sicherheit zunehmend als lebensuntüchtiger Trottel vorkommt, ausgebeutet vom Trittbrettfahrer.

Beobachtungen zum Thema »Japan und die sozialen Fragen« bieten, besonders im internationalen Quervergleich, reichlich Stoff zum Nachdenken. Ein Gemeinwesen kann sozial oder unsozial sein. Aber offenbar ist bei der Einstufung Vorsicht am Platz. Denn es kann sozial sein auf eine vordergründige, kurzsichtige Art; letztlich kontraproduktiv, weil es die Gesamtleistung und damit die in diesem System mögliche soziale Leistung mindert; und moralisch korrumpierend, weil es Prämien auf den Mißbrauch setzt. Und es kann sozial sein auf eine vielleicht weniger publikumswirksame, dafür aber weiterblickende, die Gesamtheit der Folgen bedenkende Art.
Kein praktisch anzutreffendes System gehört eindeutig zu dieser, oder eindeutig zu jener Richtung. Aber alles in allem neigen die Japaner klar zur zweiten Alternative. Auf den ersten Blick erscheint ihre soziale Philosophie kühl, manchmal hart; bei Licht besehen als schlicht intelligenter – und effizienter.

11. Marketing first – und die Zulieferer

Ein vielleicht überraschender Titel; was hat Marketing mit den Zulieferern zu tun? Vermutlich eine ganze Menge.

Zulieferer – subcontractors – spielen in Japan eine erheblich größere Rolle als bei uns. Eine Untersuchung der EG-Kommission schätzte für die Automobilindustrie den Anteil zugelieferter Teile am fertigen Produkt auf 65–80 Prozent, gegenüber 50 Prozent in Europa (was übrigens oft übersehen wird, wenn man die Produktivität beider vergleicht; zwar ist die japanische Automobilindustrie tatsächlich ein eindrucksvolles Beispiel der Produktivität, aber wenn in einen Zahlenvergleich nicht einbezogen wird, wieviel vom fertigen Produkt zugekauft wurde, und wieviel auf eigener Wertschöpfung beruht, wird das Ergebnis naturgemäß schief); auf den ersten Blick ein quantitativer Unterschied, der nicht viel besagt. Tatsächlich stehen Unterschiede im System, letztlich in der Denkweise dahinter.

Wie schon im Kapitel »Eine Wirtschaft in zwei

Schichten« kurz skizziert, ist »Zulieferer« ein weiter Begriff; er schließt den ausgequetschten Hinterhofbetrieb ebenso ein wie respektable Unternehmen (die nicht selten wieder Unterzulieferer beschäftigen) mit einer hochmodernen, hochspezialisierten Fertigung, und auch dem know-how des erfahrenen Spezialisten.
Uns interessiert, als speziell japanisch, als ein Teil des japanischen industriellen Konzepts, besonders die zweite Gruppe.
Der typische japanische Zuliefererbetrieb ist zwar rechtlich ein selbständiges Unternehmen, wirtschaftlich aber nur sehr begrenzt: er liefert oft nur *einem* Großunternehmen zu, ist praktisch in fast jeder Hinsicht weisungsgebunden und steht unter massivem Druck hinsichtlich Qualität, Liefertermin und Preis. Ein hartes Los?
Ja und nein. Die Härte ist gemildert auf wieder sehr japanische Art; das auftraggebende Unternehmen hat nicht nur Rechte, sondern auch Pflichten. Es wird den Zulieferer nicht ohne zwingenden Grund wechseln; es wird den Zulieferer beraten, Trainingskurse für dessen Mitarbeiter eingeschlossen. Es wird vielleicht »anregen«, eine bestimmte, möglicherweise sehr teure Produktionsmaschine zu kaufen – aber sich auch verpflichtet fühlen, diese Maschine auszulasten. Es wird Preise drücken, aber nicht ohne mitzuhelfen, auch bei gedrückten Preisen noch mit einem Profit zu produzieren. Der Zulieferer steht wahrhaftig nur auf einem Bein: *ein*

Auftraggeber, oft nur *ein* Artikel – aber die japanische Geschäftsethik garantiert ihm auch, daß er sich ohne schlaflose Nächte auf dieses eine Bein verlassen kann, solange es dem Auftraggeber irgend möglich ist. Er kann sich voll darauf konzentrieren, *ein* Produkt in immer wieder verbesserter Qualität und Produktivität herzustellen, und in der vereinbarten Stückzahl und exakt zu den vereinbarten Zeiten am Tor 23 des auftraggebenden Werkes anzuliefern. Er braucht keine Verkaufsabteilung, keine Vertreter, keine Werbung; er hat stattdessen diese Beziehung zur – man kann fast sagen: Mutterfirma, eine Beziehung begründet nicht nur auf konstruktiver Zusammenarbeit, sondern – bei allen harten Anforderungen an die Effizienz – auch auf Anstand und Treue.

Die Vorteile für den Auftraggeber sind offensichtlich: eine Reihe von Problemen eines möglicherweise komplizierten Fertigungsprozesses ist verläßlich delegiert, die Kosten sind geringer, der Verwaltungsaufwand ist minimal. Nicht zu vergessen: der Auftraggeber hat weniger Leute auf der eigenen Lohnliste, von denen die meisten auf Lebenszeit Angestellte wären – und daher langfristige Verpflichtungen bedeuten würden, die man nicht leichtherzig übernimmt. Hinter diesen unmittelbar einleuchtenden Vorteilen steht aber ein weiterreichendes Konzept:

Im großen Durchschnitt, und etwas überspitzt, erscheint das europäische Unternehmen *produk-*

*tions*orientiert. Man ist in erster Linie Hersteller. In zweiter Linie braucht man dann, neben einer Reihe anderer Abteilungen, auch einen Verkauf – nicht übermäßig angesehen im Unternehmen, aber es braucht halt jemand, der den Stolz des Hauses unter die Leute bringt. Das Herz des Unternehmens ist die Produktion. *Was* produziert wird, ist oft bestimmt von den vorhandenen Anlagen, dem vorhandenen know-how, den speziellen Stärken des Unternehmens – zweifellos sehr gewichtige, und im Prinzip richtige Überlegungen: »laßt uns das machen, was wir besser können als andere«. Die Gefahr liegt darin, *nur* diese Überlegungen anzustellen. »Es wurde die Entwicklung eines Produktes vorgenommen, das qualitätsmäßig sozusagen als Durchbruch bezeichnet werden konnte, dessen unbestritten höhere Qualität aber keinem echten Bedürfnis der Kunden entsprach und für das deshalb die höheren Kosten auch nicht durch einen höheren Preis kompensiert werden konnten. Die unrichtige Problemstellung hat uns Millionen gekostet, wobei wir beinahe noch stolz darauf waren.« [1]

Das japanische Unternehmen ist *marketing*-orientiert. Im Mittelpunkt des Denkens steht das – gegenwärtige oder zukünftige – Marktbedürfnis. Die Leistung des Unternehmens liegt in der Konzipierung und Entwicklung eines vom Markt – vielleicht einem künftigen, erst zu entwickelnden Markt –

---

[1] Industrielle Organisation, 42 (1973) Nr. 4, S. 181

verlangten Produktes, das dann ständig zu verbessern und zu verbilligen ist. Die *Herstellung* ist ein *Teil* der Gesamtaufgabe, oft ein relativ einfacher und übersichtlicher – und daher am ehesten delegierbar. Die wirkliche Kopfarbeit liegt in Forschung, Planung, Marketing; diese zentralen Funktionen sind nicht delegierbar. Sie sind Domäne der »Mutterfirma«. Mit der *ausführenden* Arbeit befaßt sie sich nur in Grenzen – oft nur mit der letzten Veredelungsstufe und der Montage. Für den Rest, die als eher untergeordnet empfundene Herstellung der Teile hat man das Fußvolk, eben die Zulieferer.

Aber selbst wenn der Fall nicht so extrem liegt, wenn also der größere Teil des Verkaufserlöses auf eigener Wertschöpfung beruht, bleiben die Prioritäten dieselben: auch die eigene Produktion ist, überspitzt ausgedrückt, eine nachgeordnete Stelle des Marketing. Marktgerechtheit, Marktbedürfnisse sind die Ausgangspunkte; technische Durchführbarkeit, Produktion, Produktionskapazität, und auch die Finanzierung, sind nachfolgende Fragen.

Viel Aufmerksamkeit wird darauf verwendet, Kundenwünsche herauszufinden. Augen und Ohren werden weit offen gehalten. Der Kunde ist, in einem sehr weiten Sinn, König. In kleinem Maßstab bekommt auch der flüchtige Beobachter schon einen Eindruck: wer mit einem vielleicht etwas unüblichen Wunsch einen Laden betritt, wird mit fast unendlicher Geduld bedient; der Verkäufer oder die Verkäuferin reißen sich ein Bein aus, um es dem Kunden recht zu machen, und wenn es trotz aller Mühen nicht gelingt, entschuldigt man sich beim Kunden. Ein scharfer Kontrast zum leicht gekränkten, gelegentlich ruppigen Benehmen des Verkaufspersonals in westlichen Ländern, besonders wenn der Kunde den Laden verläßt, ohne zu kaufen.

Im mittleren Maßstab spürt man das intensive Eingehen auf den Markt in den intensiven Analysen, die einem Produktkonzept vorausgehen, und den internen Diskussionen, in denen diese Analysen ausgewertet werden. Und im großen ist es das aus Tausenden von Einzelinformationen zusammengesetzte Bild des Weltmarktes, einschließlich und besonders des zukünftigen, mit Geduld und Inbrunst zusammengetragen von Jetro (der halbstaatlichen Organisation zur Förderung des Außenhandels), den weltweit operierenden großen Handelshäusern, den unermüdlich in alle Welt ausschwärmenden »study groups«.

Was steht dahinter? Sicherlich *auch* die pragmatische und rationale Erkenntnis, daß Marktgerechtheit, die Bereitwilligkeit, mit den Augen des Kunden zu sehen, das A und O des industriellen Erfolges ist; der tiefere Grund aber ist wohl die zur kulturellen Tradition gehörende Bereitschaft zu dienen. In der westlichen Welt dient – oder diente? – man allenfalls einer Sache, einer Überzeugung, einem Prinzip; persönliche Dienstleistungen hingegen tragen das Etikett, fast den Makel, des sozial niederen Menschen: »anderen Leuten den Dreck wegmachen«. Japaner, die sich unter Prinzipien eh nicht viel vorstellen können, dienen *Menschen* – mit Freude und Hingabe, und ohne daß es ihrer Selbstachtung Abbruch täte (und sind – eben deshalb – tief gekränkt, wenn eine Dienstleistung nicht mit Stil und Würde entgegengenommen wird). Man dient seinem Dienstherrn und tut es gern; und »Dienstherr« im weiteren Sinn ist auch der Kunde, und sei es nur für die Minute, die es braucht, um eine Tasse Kaffee zu bestellen und zu servieren. Recht aufschlußreich, wie das kleine Mädchen an der Kasse selbst eines Massen-Konsumladens ein paar – oft nur imaginäre – Krümel vom Tresen wischt, bevor der nächste Kunde seinen Korb abstellt.

Aus dem gleichen Geist fehlt den Japanern jede Arroganz bei der Konzeption eines neuen Produktes. Die Einstellung: »hier ist unser Produkt, es ist von anständiger Qualität – nun mögen die Leute es also kaufen, nun hat der Vertrieb das Wort« ist ihnen fremd. Sie gehen das Problem von der entgegengesetzten Seite an: was dient dem Kunden, was will der Markt – oder was wird er wollen? Und dann wird eben dieses produziert.

Eine Einstellung, mit der sich z. B. die japanische Automobilindustrie an die Spitze gesetzt hat: mit Modellen, die nicht nur im eigenen Lande, sondern auf dem Weltmarkt – einschließlich der Inlandsmärkte der führenden Automobilbauer von gestern – so erfolgreich verkauft werden, daß protektionistischer Gegendruck entsteht; Modelle, die vielleicht stilistisch die eigene Note vermissen lassen – aber offenbar wollen die meisten Kunden gar keine eigene Note, besonders keine Originalität um der Originalität willen, sondern ein Auto, das etwas »hermacht«; mit einer Technik, die – trotz aller elektronischen Spielsachen – hinter vielen europäischen Modellen um eine halbe Generation zurückbleibt – aber offenbar legt der Markt mehr Wert auf eine zuverlässige, ordentliche Gesamtqualität und Preiswürdigkeit, und das bieten die japanischen Autos.

Eine andere Erfolgsstory: Uhren. Will der Markt Digitaluhren? Die einstmals stolze Schweizer Uhrenindustrie glaubte, die Antwort zu wissen: eine kurzlebige Modeerscheinung, mit leicht proletigem Einschlag. Die Japaner wußten es aber offenbar besser, und zwar ohne daß diese Firmen schon vorher intensiv mit der Halbleiter-Technik zu tun gehabt hätten; ihr Ausgangspunkt war ebenfalls die mechanische Uhr.

Zum Thema »produktionsorientiert – marketingorientiert«, der Schlüsselrolle des Marketing und der Delegierbarkeit der Produktion, sollte ein Element nicht fehlen: Japans »sogo shosha«, die großen Handelshäuser – eine Bezeichnung, mit der wir uns an den Sprachgebrauch und an die direkte

Übersetzung halten, die aber ihrem Gegenstand nicht ganz gerecht wird.
Diese Firmen gehören zunächst wegen ihrer schieren Größe in eine andere Kategorie, als der landläufigen Vorstellung von Handelshäusern entspricht. Der addierte Umsatz der sechs Größten[1] belief sich 1978 bereits auf etwas über 150 Milliarden US-$, davon 75 Milliarden im Außenhandel. Der gesamte Welthandel, nach GATT-Schätzungen, erreichte im gleichen Jahr 1300 Milliarden Dollar – das heißt: sechs große japanische Handelsfirmen decken mit ihrem Export- und Importgeschäft 6 % des Welthandels ab. An Japans Außenhandel haben sie einen Anteil von 40 %. Die Größte unter den Großen, Mitsubishi Corporation, erzielte einen Gesamtumsatz (also einschließlich Inlandsgeschäft) von 30 Milliarden Dollar, knapp gefolgt von Mitsui & Co., Ltd., mit gut 27 Milliarden. Also imponierende Größenordnungen. Stellt man nun weiter fest, daß diese Firmen schneller wachsen als das japanische Bruttosozialprodukt, während Handelshäuser in den westlichen Industrieländern langsam, aber sicher an Bedeutung verlieren, läßt sich – mit Recht – vermuten, daß wir es hier nicht nur mit etwas quantitativ, sondern qualitativ anderem zu tun haben. In der Tat muß man sich frei machen von den Vorstellungen, die sich bei uns mit

[1] Mitsubishi Corp., Mitsui & Co., Ltd., Marubeni Corp., C. Itoh & Co., Ltd., Sumitomo Corp., Nissho-Iwai Co., Ltd.

einem Übersee-Handelshaus verbinden: Firmen mit Niederlassungen in mehreren, vorzugsweise exotischen Übersee-Märkten, in denen sie über etablierte lokale Verbindungen und in Jahrzehnten erworbenes know-how verfügen (einschließlich der Mittel und Wege, die Abwicklung von Geschäften durch ein richtig bemessenes bakschisch an der richtigen Stelle zu beschleunigen), und als eine Art Verkaufsabteilung Ausland einer europäischen Herstellerfirma fungieren.

Schon die oben zitierte Umsatzstruktur deutet an, daß die japanischen Handelshäuser andere Funktionen haben: sie erzielen knapp über die Hälfte ihrer Umsätze im Inlandsgeschäft – in dem europäische Häuser praktisch keine Rolle mehr spielen, wenn man die Firmen beiseite läßt, die zwar als Handelshäuser firmieren, der Sache nach aber Verkaufsorganisationen *einer* Mutterfirma sind. Die andersartige Rolle der japanischen »trading companies« ist am deutlichsten sichtbar in der Textilindustrie – für Jahrzehnte Japans klassische Industrie; und tatsächlich haben mehrere der großen (Marubeni, C. Itoh, Toyo Menka, Kanematsu Gosho, Nichimen) und viele kleinere »traders« als Textilhändler begonnen. Die Textilindustrie hat zwar seit Kriegsende stetig an relativer Bedeutung verloren, aber das klassische Schema ist geblieben: die »traders« sind nicht etwa darauf beschränkt, von den Herstellern angebotene Ware zu kaufen und zu verkaufen, sondern sind das Herz und das

Gehirn des ganzen Geschäftes. *Sie* entwickeln die Produkte, *sie* setzen die technischen Standards – und beauftragen dann eine Textilfabrik mit der Herstellung; die »traders« tragen das unternehmerische Risiko. Der Hersteller hat keinen Einfluß darauf, *was* hergestellt wird, wo und wie es verkauft wird; er führt Aufträge nach detaillierten Anweisungen aus.

Das Bild in den jüngeren Industrien – das im einzelnen nachzuzeichnen uns hier zu weit führen würde – ist von Fall zu Fall verschieden, aber das entscheidende Element bleibt: wenn das Geschäft zusammen mit einer »trading company« betrieben wird, dann liegt das strategische Zentrum *dort,* und nicht beim Hersteller. Und die Großen unter den Handelshäusern sind, bei Licht besehen, riesige industrielle Konglomerat-Konzerne mit der Besonderheit, keine Fabriken zu besitzen: den relativ simplen und überschaubaren Teilbereich der Unternehmenstätigkeit, die Herstellung, haben sie delegiert.

Im Außenhandel sehen die Handelshäuser zunächst weniger überraschend aus: zu einem erheblichen Teil tun sie das, was man auch bei uns von einem Übersee-Haus erwartet, nämlich in Exportmärkte zu verkaufen, die selbst zu bearbeiten der Hersteller nicht die lokale Sachkenntnis besitzt, und in denen er oft einfach nicht die »kritische Masse« im Geschäftsvolumen erreicht, die eine eigene Organisation rechtfertigt. Aber dieses Brot-und-

Butter-Geschäft mag lukrativ sein, und auch darüberhinaus interessant, weil es den weltweiten Apparat mitträgt – der wiederum Voraussetzung ist für die außerordentliche Informiertheit der Zentrale, das Schlüsselelement ihrer überlegenen Kompetenz. Doch ihre eigentliche Rolle finden die Großen in Aufgaben einer ganz anderen Größenordnung: wenn etwa in Persien ein riesiges Raffinerie-Kombinat gebaut, oder in Australien ein großes Erzvorkommen erschlossen wird – in diesen Milliardenprojekten zeigen die »sogo shosha« ihre Potenz – von der seismologischen Forschung bis zur kompletten Infrastruktur, von der Finanzierung bis zum Absatz, vom Vorprojekt bis zur schlüsselfertigen Übergabe.

Ihr Horizont ist weit. Der neue Chef eines der großen Häuser ließ in seiner Inauguraladresse keine Zweifel:

». . . ›sogo shosha‹ können nicht mehr einfach als Handelshäuser betrachtet werden. Sie sind aus ihrer alten Rolle, an vorderster Stelle Japans Handelsinteressen wahrzunehmen, herausgewachsen. Sie müssen eine neue, breitere Identität finden . . . Eine große Gruppe von Entwicklungsländern, mit einem enormen Wachstumspotential . . . hier liegen die künftigen Märkte. Der Schlüssel zu einer gesunden Entwicklung ist hier die Schaffung von völlig neuen, integrierten sozio-ökonomischen Systemen . . . Eine Aufgabe für die ›sogo shosha‹ ist es, multilateralen Handel zu organisieren, an dessen Ex- und Import-Operationen mehrere Firmen und Länder beteiligt sind; als Generalunternehmer zu fungieren für industrielle Großprojekte praktisch jeder Art und jeden Umfangs. Eine andere Aufgabe, die Erschließung neuer Rohstoffquellen, nehmen wir bereits wahr; unsere Forschungs- und Sondierungstrupps sind auf der Suche nach neuen Rohstoffvorkommen, und wenn sie fündig werden, befassen wir uns in intensiven Studien mit Erschließungsprojekten . . .«

An kleinkariertem Denken leiden Japans Handelshäuser nicht; sie sind weltweit operierende Konzerne, die eine geballte Finanzkraft mobilisieren können. Sie machen praktisch alles, was mit Industrie und Handel zu tun hat. Mit einer Ausnahme: der Produktion. Denn Fabriken – die haben sie eben nicht.

12. »Made in Japan« – die Sache mit der Qualität

Japans erste Industrie, und bis Anfang der fünfziger Jahre der wichtigste Devisenbringer, war die Textilindustrie. Produziert und auf dem Weltmarkt angeboten wurden vorwiegend Massenprodukte, und für *dieses* Marktsegment war die Qualität angemessen.

Bedenklicher sah es bei den »technischen« Produkten aus. Unsere ältere Generation erinnert sich noch an Japans Vorkriegsangebot: Nähmaschinen, Fahrräder, Christbaumschmuck, diese oder jene Schundkopie eines westlichen Produktes; zwar billig, aber für die gebotene Qualität eigentlich immer noch zu teuer – Wundertütenqualität.

Heute ist »Made in Japan« ein Gütesiegel. Ein Wunder? Hat sich die japanische Einstellung zur Qualität radikal geändert?

Nicht eigentlich. Das Vorkriegs-Image japanischer Qualität – schäbiger Qualität – war zwar gerechtfertigt für die Produkte, die auf dem Weltmarkt auftauchten. Aber man darf nicht aus den Augen verlieren, wie es zwischen den beiden Weltkriegen, insbesondere seit der Weltwirtschaftskrise, mit dem Welthandel aussah. Es herrschte Autarkiedenken. Die Industrieländer kauften, soweit unumgänglich und soweit die prekären Devisenverhältnisse es gestatteten, vorwiegend Rohstoffe. Der Handel dieser Länder untereinander in industriellen Produkten, für heutige Begriffe verschwindend gering, wickelte sich zum größeren Teil im Rahmen bilateraler Abkommen ab, unter einem fast prohibitiven System von Importquoten und hohen Zöllen. Der Gedanke des freien Welthandels im Sinne internationaler Arbeitsteilung war praktisch tot. Für bilateralen Handel war Japan kein attraktiver Partner. Es hatte weder Rohstoffe noch industrielle Spezialitäten zu bieten. Der einzige Ausweg, ein Minimum an Devisen zusammenzukratzen – unter anderem, weil die Kriegsmaschine Öl brauchte – war eben: billig, billig. Repräsentativ für die japanische Einstellung zur Qualität war der exportierte Schund keineswegs.

Eher im Gegenteil, wie die Produkte der klassischen Handwerke bezeugen. Die Holzkonstruktionen der alten Tempel, kunstvoll gearbeitete Kimonos, aus einem Dutzend Lackschichten bestehende Reisschalen, zahllose Gebrauchsgegenstände von nicht nur frugal-makelloser Schönheit, sondern auch von perfekter Funktionalität und Qualität – traditionelles japanisches Handwerk brauchte keinen Vergleich zu scheuen. Nicht zu vergessen ein

Produkt, das in seiner Vollendung nirgendwo in der Welt erreicht worden ist – das berühmte Samurai-Schwert.
Hochentwickeltes Handwerk, aber eben doch: Handwerk. Sicher eine vorzügliche Voraussetzung und ein fruchtbarer Nährboden für *industrielle* Qualität, aber nicht dasselbe. Mit der Umsetzung handwerklicher Qualitätsansprüche auf eine industrielle Fertigung hat es in Japan in der Tat gehapert. Mehr als anderswo, denkt man beispielsweise an die solide Qualität der frühen Produkte des englischen Maschinenbaues. Die Hast, den Westen einzuholen, forderte offenbar ihren Preis.
Zwar hatte auch die japanische Industrie – die Rüstungsindustrie – zu Beginn des 2. Weltkrieges etwas vorzuweisen: das Kampfflugzeug vom Typ Zero, das Schlachtschiff »Yamato« waren Spitzenleistungen, aber erbracht eher als Ergebnis einer auf Spezialprojekte gerichteten Gewaltanstrengung, mit konzentriertem Einsatz der besten Ressourcen und ohne Rücksicht auf die Kosten. Über das Ganze gesehen hatte bei Kriegsende die japanische Industrie das Problem qualitativ hochstehender Serienfertigung nicht im Griff.
Keine begeisternde Ausgangslage für die Nachkriegszeit: eine Industrie, die nicht nur weitgehend zerstört, sondern auch auf fast allen Gebieten rückständig war; eine ohnehin recht zusammengedrängt lebende Bevölkerung, die sich schlagartig um einige Millionen Rückwanderer aus den verlorenen

Kolonien und besetzten Gebieten – von denen einige Korn- oder besser Reiskammern gewesen waren – vermehrt hatte. Eine Katastrophe zeichnete sich ab. Japan würde seine Bevölkerung nicht ernähren können – von Wohlstand nicht zu reden – ohne Importe. Um dafür zu bezahlen, würde Japan also exportieren müssen – in ganz anderen Größenordnungen als vor dem Kriege. Daß Exporte in diesem Volumen nicht aus schäbigen Billigkopien bestehen konnten, war den Verantwortlichen in Regierung und Wirtschaft nur zu klar. Japan brauchte eine leistungsfähige Exportindustrie, die sich nicht nur im Preis, sondern auch in der Qualität auf dem Weltmarkt durchsetzen konnte. Es mußte etwas geschehen, und zwar sehr bald.

Es geschah auch etwas, und zwar so gründlich, daß in einer Reihe von Industrien japanische Produktionstechniken heute den Standard setzen. Die Formel heißt QC – Quality Control –, und seit einigen Jahren TQC – Total Quality Control.

a) Quality Control

Qualitätskontrolle ist nichts Neues. Sie gehört zu jeder Serienfertigung. In ihrer schlichtesten Form ist sie das, was sich Außenstehende – und bis vor kurzer Zeit wohl auch manche Fertigungsfachleute – darunter vorstellen: der Mann mit dem scharfen Blick am Ende des Fließbandes, der den Ausschuß aussortiert.

Diese – nach heutigen Begriffen eher archaische –

Vorstellung führt beinahe zwangsläufig zu dem Schluß:

Qualität kostet Geld, denn
- bei höheren Qualitätsansprüchen wandert mehr in den Ausschuß;
- der Ausstoß sinkt;
- die pro ausgelieferte Einheit aufgewendete Arbeitszeit ist länger;
- oft sind erhebliche Investitionen für neue Produktionsmaschinen notwendig;
- man braucht größere Zwischenläger von Einzelteilen, um immer mit Sicherheit eine genügende Anzahl von spezifikationsgemäßer Qualität zur Verfügung zu haben;
- Lieferpläne geraten durcheinander, weil man bei strikter Qualitätskontrolle nie genau weiß, wieviel Produkte als einwandfrei passieren.

Für das moderne Konzept ist das genaue Gegenteil richtig. Seine Verfechter behaupten – und haben inzwischen bewiesen – daß *quality control Geld spart,* denn;
- es wandert keineswegs mehr in den Ausschuß; vielmehr sinken die Ausschußquoten kontinuierlich, und gehen tendenziell gegen Null;
- der Ausstoß steigt auf die Soll-Leistung des Systems;
- die Arbeiszeit wird, über das Ganze gesehen, kürzer;
- das im Umlaufvermögen gebundene Kapital

sinkt: man braucht keine Zwischenläger, sog. buffer stocks, mehr;
- Lieferpläne werden präzise eingehalten.

Wie sind derart entgegengesetzte Auffassungen möglich? Für den deutschen Sprachbereich ist eine schiefe Übersetzung aufschlußreich: *quality control* wird als Qualitätskontrolle wiedergegeben. Das ist irreführend. Gemeint ist keineswegs, was man im Englischen als »final check« bezeichnen würde: Kontrolle im Sinne von Aussondern des Unzulänglichen. Gemeint ist Qualitäts*sicherung*.
Denn dies war die erste Erkenntnis, die zu dem modernen Konzept führte:

> Qualität kann man nicht in ein Produkt hineinprüfen; sie muß eingebaut sein. Aufgabe der *quality control,* der Qualitätssicherung, ist es, Ausschuß gar nicht erst entstehen zu lassen.

Nun war natürlich auch eine Produktionstechnik unter dem archaischen Konzept »Qualität durch Inspektion« nicht so naiv, erst das *End*produkt zu inspizieren, d. h. alle Einzelteile – zugeliefert oder selbst produziert – telquel ein- und zusammenbauen zu lassen, in der stillen Hoffnung auf eine geringe Ausschußquote. Die Inspektion von Einzelteilen war eine Selbstverständlichkeit. Aber es blieb eben doch noch beim Konzept der »Qualität durch Inspektion«.
Einen neuen Denkansatz lieferte – vor einem halben Jahrhundert, aber wenig beachtet – W. A.

Shewhart mit dem Konzept der »statistical quality control«. Sein Grundgedanke ist einfach:
Warum wird Ausschuß produziert? Weil kein Produkt haarscharf mit den Soll-Maßen und Soll-Eigenschaften produziert wird, sondern – praktisch unvermeidlicherweise – in einer gewissen Qualitätsstreuung. Dem wird Rechnung getragen durch spezifizierte Toleranzen. Ein Teil der Produktion liegt innerhalb der Toleranzen, und ein anderer Teil außerhalb. Der letztere wird üblicherweise durch Inspektion ausgesondert, was naturgemäß die Kosten belastet.
Es müßte einen besseren Weg geben. Wenn wir eine genügend große Zahl von Produkten eines bestimmten Fertigungsvorganges auf – beispielsweise – Maßhaltigkeit untersuchen, ergibt sich typischerweise folgendes Bild:

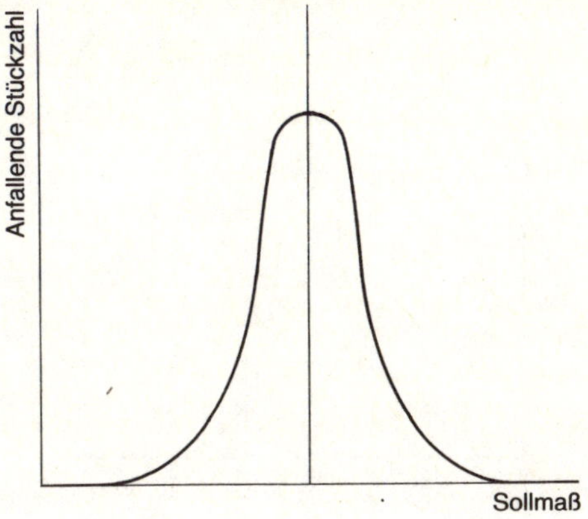

Also nichts anderes als die berühmte Gauß'sche Verteilungskurve.

Für diese Fertigung gelten bestimmte Toleranzen vom Sollmaß, z. B. plus/minus 1/10 mm:

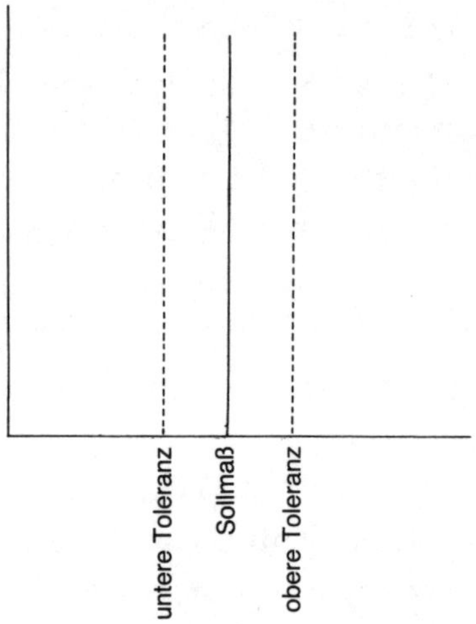

Diese Spezifikation auf den tatsächlichen Produktionsanfall angewendet ergibt:

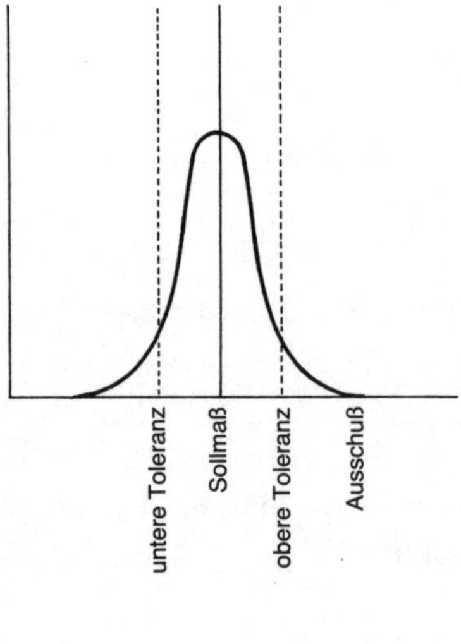

Wenn nun alle für den Fertigungsprozeß dieses Teiles relevanten Toleranzen enger gefaßt werden, wird die Verteilungskurve steiler, und wird bei einer bestimmten Konfiguration der relevanten Toleranzen die Qualitätsstreuung dieses Teiles so einengen, daß kein Ausschuß mehr produziert wird.

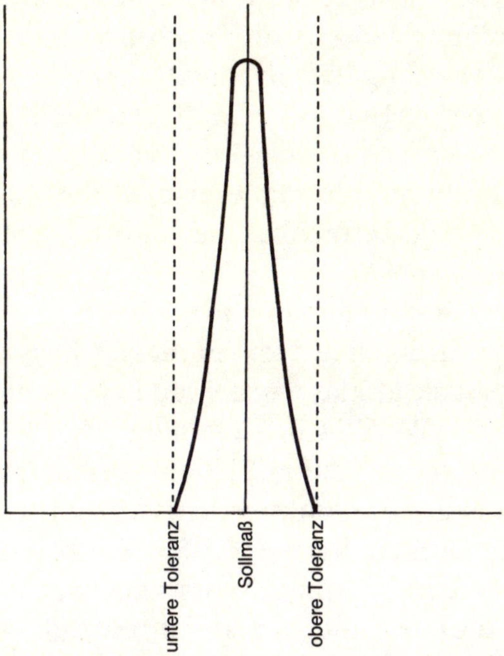

Soweit der simple Grundgedanke. Einem Fertigungsfachmann wird er trivial vorkommen: natürlich wird bei engeren Toleranzen auf allen Stufen des Fertigungsprogramms die Streuung in der Qualität des Endproduktes geringer. Aber dann kommen die schon erwähnten Bedenken: diese engeren

Toleranzen kosten Geld – möglicherweise neue Maschinen, großzügigere Akkordzeiten. Sicher wird die Ausschußquote sinken; aber geht die Gesamtrechnung noch auf? Rolls-Royce-Qualität zu Rolls-Royce-Preis?

Es kommt darauf an, wie man es anfängt. Die westliche Praxis war und ist wohl noch weitgehend: Konstrukteure setzen die Spezifikation. Die Produktion empfängt sie als Anweisung; sie wird versuchen, zwischen den Forderungen nach möglichst geringem Aufwand einerseits und möglichst geringer Ausschußquote andererseits die Mittellinie größter Wirtschaftlichkeit zu finden. Groß zu diskutieren ist nichts.

Dies sieht nun in Japan anders aus. Als nach dem Krieg die dringende Notwendigkeit besserer Produktionsqualität klar wurde, lud man einen Amerikaner ein – W. Edwards Deming, Ph. D. – der in seinem eigenen Land mit einem verfeinerten Konzept statistischer Qualitätssicherung nur begrenzte Aufmerksamkeit hervorgerufen hatte – der Prophet gilt nichts in seinem Vaterland, wie das Sprichwort in diesem Falle zutreffend feststellt. In Japan wurde er so etwas wie ein industrieller Nationalheld. Die Idee, mit statistischen Methoden Fehlerquellen zuleibe zu rücken (welche Fehler, und wieviele sind wo entstanden? Sind es Systemfehler, oder sind die Ursachen singulär, z. B. menschliches Versagen?, usw.) zündete. Zündete nicht nur beim Management, sondern auch beim Arbeiter.

Die japanische Fähigkeit, gemeinsam Ziele zu setzen und sie gemeinsam mit unermüdlicher Ausdauer zu verfolgen, kam zur Geltung: spontan entstanden die inzwischen berühmt gewordenen »quality circles«, kleine Arbeitsgruppen, die sich ein bestimmtes Problem vornahmen – mit System, Ausdauer und Begeisterung; und auch, nicht zu vergessen, mit der hautnahen Sachkenntnis der Leute, die die zu verbessernde Arbeit tatsächlich ausführen. Der Verfasser hat einmal in einem deutschen Betrieb gehört, wie der Verbesserungsvorschlag eines Arbeiters vom Meister beschieden wurde: »mach Du mal schön raboti, denken tun hier andere«. Zwischen dieser Einstellung und der japanischen liegen Welten. Anscheinend waren gewisse Erkenntnisse dem industriellen Japan vorbehalten:

- der Arbeiter hat nicht nur einen Bizeps, sondern auch ein Gehirn;
- von diesem würde er gern sinnvollen Gebrauch machen;
- er ist auch in der Lage dazu, denn in seinem Arbeitsbereich weiß er vieles besser;
- es motiviert und verbindet mit der Firma, wenn jeder, der etwas beitragen kann, dazu auch Gelegenheit hat.

Die Ergebnisse sind erstaunlich, wenn eine Gruppe wirklich Interessierter mit System, Sportsgeist und Sachkenntnis zu Werke geht. Gewiß sind die Sorgen des konservativen Fertigungsingenieurs nicht ganz unbegründet, der z.B. bei engeren Toleranzen sofort an eine neue, sehr teure Maschine denkt. Manchmal wird auch die statistische Qualitätssicherung zum gleichen Schluß kommen: der Schwachpunkt ist tatsächlich eine Produktionsmaschine ungenügender Leistung. Weitaus häufiger aber sind die Fälle, in denen Normabweichungen auf eine triviale Ursache zurückgeführt werden, die sich mit bescheidenem Aufwand eliminieren läßt. Ein später erläutertes Beispiel ist in dieser Hinsicht frappierend.

Wenn nun die Gauß'sche Verteilungskurve der Qualitätsstreuung – genauer: die Dutzende oder Hunderte von Gauß'schen Kurven, denn für jeden Produktionsschritt eines jeden Einzelteiles gibt es eine – mit Dutzenden oder Hunderten von Qualitätssicherungsaktionen tatsächlich so schmal und steil werden, daß sie innerhalb der spezifizierten Toleranzen liegen, dann wird plötzlich der Anspruch moderner »quality control« plausibel:

Qualität macht ein Produkt nicht teurer, sondern billiger. Denn:

- die Qualitätskontrolle im archaischen Sinn – quality control by inspection – wird weitgehend überflüssig;
- wenn kein Ausschuß anfällt, dann fallen nicht nur die direkten Kosten des Ausschusses, sondern auch die Folgekosten nicht an: Nacharbeiten, Nachtesten, Behebung von Garantieschäden, Bearbeitung von Beanstandungen, usw.;

- der Ausstoß pro Arbeitsstunde steigt, wenn das zugelieferte Material zuverlässig einwandfrei ist;
- der effektive Ausstoß pro Maschinenstunde steigt, wenn die gesamte Produktion den Spezifikationen genügt;
- Zwischenläger sind überflüssig; bei zuverlässiger Zulieferung einwandfreier Zwischenprodukte genügt es, die unmittelbar benötigte Anzahl zur Hand zu haben;
- Lieferpläne werden zuverlässig eingehalten.

Gar nicht zu reden
- vom Ruf der Firma,
- von der Motivation aller Mitarbeiter und ihrem Stolz, ein Qualitätsprodukt herzustellen,
- von der Motivation der Verkäufer, ein Qualitätsprodukt anzubieten.

b) »TQC« – Total Quality Control

Das Konzept der Qualitätssicherung zielte zwar zunächst nur auf spezifikationsgemäße Produktion. Aber beinahe zwangsläufig wurden nach und nach immer weitere Bereiche eines Unternehmens erfaßt.

Zwangsläufig, weil in vielen Fällen eine auf Spezifikation gerichtete Qualitätssicherung an Grenzen stieß, z.B. wenn die Konstruktion ein so unglücklich geformtes Preßteil vorsah, daß mit keiner verfügbaren Stahlsorte, auch bei aller Feinarbeit am Produktionsprozeß, eine fehlerfreie Qualität zu erreichen war.

Galt für das ursprüngliche Konzept der Qualitätssicherung der Leitsatz

> Qualität kann man nicht in ein Produkt hineinprüfen, man muß sie einbauen –

mußte man jetzt offenbar einen Schritt weiter gehen:

> Bevor man Qualität einbauen kann, muß sie in das Produkt hineingedacht werden.

Ist die Konstruktion »richtig«? Oder ist sie umständlich, verursacht sie Produktionsschwierigkeiten, die vermeidbar wären?
Oder noch einen Schritt weiter: vielleicht ist die Konstruktion ingenieurmäßig perfekt, zielt aber nicht präzis genug auf ein Marktbedürfnis.
Mit einem Wort: es gibt keine Aktivität in einem Unternehmen, die sich nicht sinnvoll auf Unzulänglichkeiten abklopfen ließe, und zwar nicht nur isoliert betrachtet, sondern im Zusammenspiel mit anderen. Vieles ist möglicherweise, für sich gesehen, einwandfrei; aber es ist nicht ausreichend mit anderen Aktivitäten abgestimmt, um das Gesamtziel zu erreichen:

- Genau das Produkt, das der Markt verlangt (oder für das sich ein Markt entwickeln läßt)
- in höchstmöglicher Qualität
- termingemäß und
- mit geringstmöglicher Kapitalbildung zu produzieren,
- es effizient zu verkaufen,

- durch leistungsfähigen Service langfristig im Markt abzusichern,
- und bei alldem einen angemessenen Gewinn zu erwirtschaften.

TQC geht also, wenn man schematisieren will, in zwei Schritten über das ursprüngliche Konzept der (Produktions-) Qualitätssicherung hinaus:

- TQC erfaßt auch die einzelnen *nicht*produzierenden Bereiche des Unternehmens, und
- es sichert dann die perfekte *Abstimmung* dieser Bereiche auf das Gesamtziel hin.

Spätestens bei diesem zweiten Schritt kommen deutlich japanische Elemente ins Spiel: das Talent zur Teamarbeit und die demokratischere Struktur der Unternehmen. Letzteres wird zweifellos Kopfschütteln hervorrufen; der Respekt, für unsere Begriffe gelegentlich an Unterwürfigkeit grenzend, mit dem der Japaner dem Firmenchef begegnet, erinnert eher an feudale Zeiten. Sieht man die Substanz näher an, ändert sich das Bild. Die Einkommensunterschiede zwischen dem Arbeiter und den oberen Rängen sind wesentlich geringer als bei uns. Genauer: die Gehälter der oberen Kategorien sind niedriger. Wichtiger ist aber etwas anderes. In vielen Ländern trennt, trotz planierender Entwicklungen seit den 60er Jahren, immer noch ein Graben diejenigen, die arbeiten, von denen die managen. Es ist nicht nur ein Graben des Status, sondern auch ein Graben der Ausbildung, des Fachwissens, der Kompetenz. In Japan ist dieser Graben wesentlich flacher. Die Sachkenntnis und Kompetenz des Arbeiters ist zwar nicht größer als die eines Facharbeiters bei uns; aber sie ist in der Regel wesentlich breiter – eine Folge der *job rotation,* auf die im Zusammenhang mit dem *life time employment* einzugehen war. Mit dem besseren Verständnis für die Zusammenhänge des Unternehmens ist der Arbeiter in viel weiterem Sinne *Mit*arbeiter – Mitarbeiter für das Wohl des Unternehmens, der sich selbst auch so sieht und so gesehen wird. Diese Einstellung, verbunden mit dem Talent zur Teamarbeit, ergibt eine vorzügliche Basis für TQC, wenn es sich um die Koordinierung verschiedener Bereiche dreht. Dauernde Kommunikation – in beiden Richtungen – ist eine Selbstverständlichkeit. Es gibt keine Statusbarriere zwischen dem Konstruktionsingenieur und der Produktion. Konstrukteure sind nicht am Zeichenbrett isoliert. Sie sind häufig im Produktionsbetrieb anzutreffen, sie *suchen* den »feedback« – und können ihn wohl auch besser verarbeiten, denn fast immer haben sie ihre ersten Berufsjahre selbst in der Produktion verbracht (und werden möglicherweise bei der nächsten job rotation, vielleicht eine oder zwei Stufen höher, dahin zurückkehren).

Der Konstrukteur pendelt aber nicht nur zwischen Zeichenbrett und Produktion hin und her. Er war vielleicht gestern bei den Leuten vom Marketing; und morgen kommen die Marktforscher zu ihm, die über einer neuen Produktidee brüten.

Von Unternehmen zu Unternehmen wird TQC im einzelnen verschieden aussehen; der Grundgedanke ist überall derselbe:

> Qualitätsdenken ist auf *jeden* Bereich des Unternehmens anwendbar und die einzelnen Bereiche werden in intensiver Kommunikation und Teamarbeit aufeinander abgestimmt, einschließlich der Teamarbeit zwischen den Teams.

Offensichtlich ist Qualitätssicherung – im weitesten Sinne – eine Frage der Einstellung. Ohne motivierte Mitarbeiter wird sich nichts bewegen. Hier liegt Japans Stärke. Kein Problem ist zu gering, und keines ist zu schwierig, um ihm nicht mit System, Ausdauer und sportlicher Begeisterung zuleibe zu rükken.

Um davon einen Begriff zu geben, sind praktische Beispiele aufschlußreicher als alle Umschreibungen. Zwei sollen hier erörtert werden, in ihrer Wichtigkeit für das Unternehmen extrem verschieden. Ein erstes befaßt sich mit der eher bescheidenen – selbstgestellten! – Aufgabe, den Glasbruch in einem Labor zu reduzieren. Ein zweites ist Teil eines unternehmensstrategischen Projektes. Die japanische Einstellung zur Qualitätssicherung, zum immer Besseren, zur perfekten Leistung – sie kommt in beiden klar zum Ausdruck.

Zunächst also das »Glasbruch«-Projekt. Lassen wir, um den unmittelbaren und frischen Eindruck zu erhalten, die Arbeitsgruppe mit ihrem Bericht selbst zu Wort kommen. Der Vortragstext ist übersetzt, die Grafiken sind original.

c) QC-Fallstudie 1

»Unsere QC-Gruppe hat sich befaßt mit dem Thema:

Glasbruch im Labor.

Dürfen wir uns zunächst vorstellen:

In unserer Firma, die Feinchemikalien – Pharmazeutika, Farbstoffe usw. – herstellt, gehören wir zur Abteilung »Qualitätskontrolle der Produktion«. Die QC-Gruppe, die wir vor etwas mehr als einem Jahr gegründet haben, – und die hiermit ihr zweites Projekt präsentiert – besteht aus folgenden Mitgliedern:

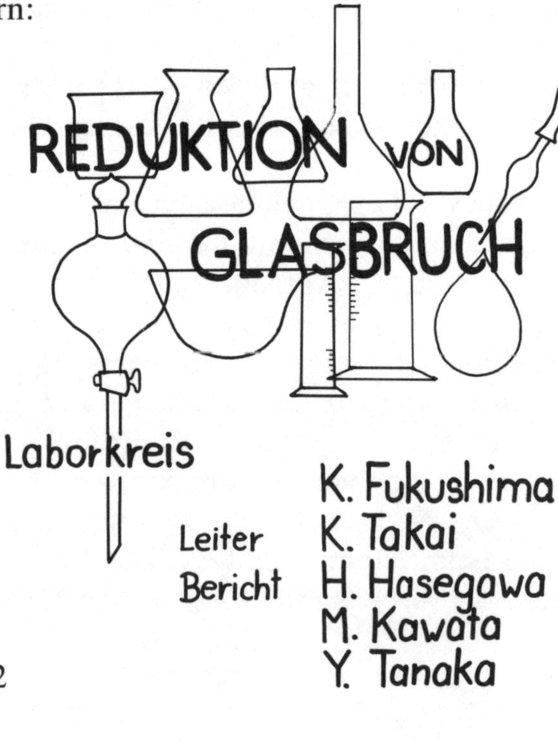

Bei unserer Arbeit benutzen wir die verschiedensten Glasgeräte: Bechergläser, Meßbecher, Meß- und Abfüllpipetten, Erlenmeyerkolben usw. Viele dieser Geräte sind schon lange Zeit in Gebrauch und daher beschädigt: Absplitterungen, Sprünge, ausgebrochene Ränder.

Gerät mit kleineren Beschädigungen wird weiterbenutzt; aber offensichtlich gibt es hier Grenzen. So ist denn mit steigendem Arbeitsvolumen in unserer Abteilung der Glasbruch in bedenklicher Weise angestiegen, und stellt einen nicht unerheblichen Kostenfaktor dar. Daneben ist auch die Verletzungsgefahr nicht zu übersehen. Kostenkontrolle und Sicherheit am Arbeitsplatz sind daher die Elemente unserer selbstgestellten Aufgabe: den Glasbruch scharf zu reduzieren.

Als erstes haben wir dieses Projekt in sinnvolle Abschnitte aufgeteilt: Analyse der Situation, Diskussion geeigneter Maßnahmen, Durchführung, sowie Sicherung und weitere Verbesserung des Ergebnisses. Für jede dieser Stufen wurde ein Terminplan aufgestellt:

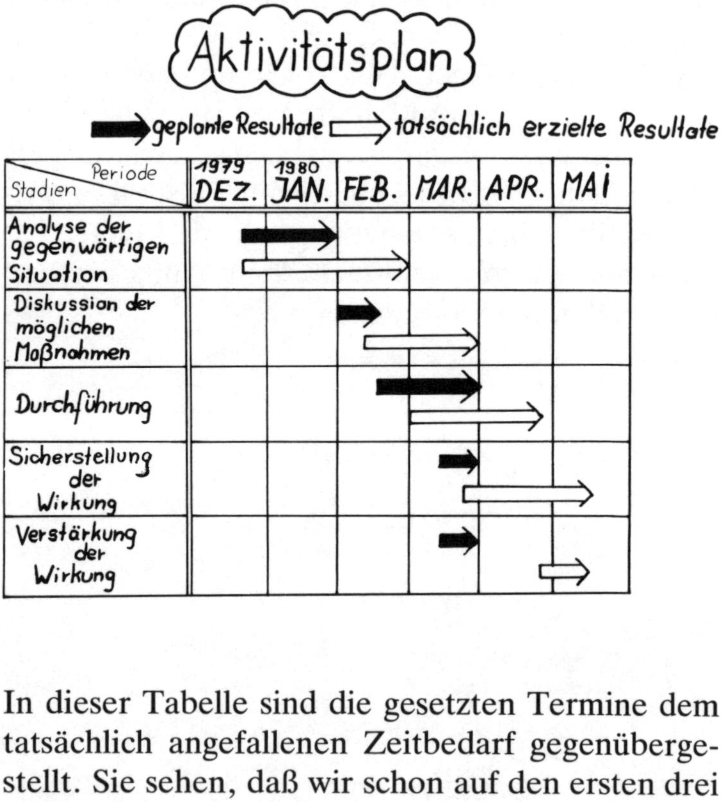

In dieser Tabelle sind die gesetzten Termine dem tatsächlich angefallenen Zeitbedarf gegenübergestellt. Sie sehen, daß wir schon auf den ersten drei Stufen unserem Zeitplan um etwa einen Monat nachhinkten.

Unsere Glasgeräte werden in Schubladen und Regalen aufbewahrt; nach Benutzung für einen Labortest wird das Gerät in einem Korb gesammelt, am nächsten Tag gewaschen und getrocknet, und wieder in Regale und Schubladen eingeordnet.

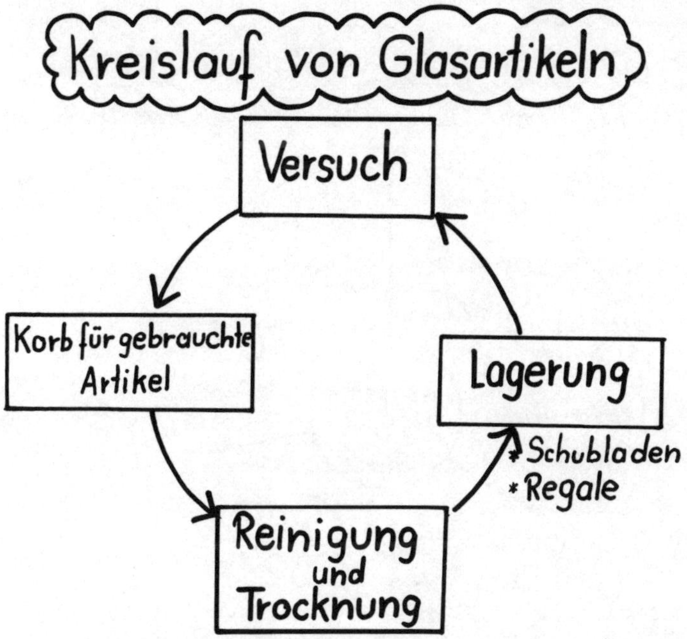

* Automatische Waschmaschine "Gallay."
* Trockner
* Pipetten-Waschmaschine

Für Pipetten haben wir eine spezielle Waschanlage; alles andere Gerät wird in einer automatischen Waschmaschine vom Typ Gallay gereinigt.

Unser erster Schritt der Analyse war nun, die Häufigkeit der Benutzung festzustellen. Die folgende Segment-Tabelle zeigt, für einen repräsentativen Zeitraum von drei Wochen, welche Geräte wie oft benutzt wurden:

Wie man sieht, werden Bechergläser, Pipetten und Meßbecher bei weitem am häufigsten benutzt.

Viele unserer Geräte sind, wie schon vorher erwähnt, beschädigt, dienen aber noch ihrem Zweck und werden daher weiterbenutzt. Um ein klares Bild zu bekommen, in welcher Art und Zahl Beschädigungen in einem bestimmten Zeitraum auftreten, mußten wir naturgemäß die am Gerät schon vorhandenen Schäden ermitteln und festhalten.

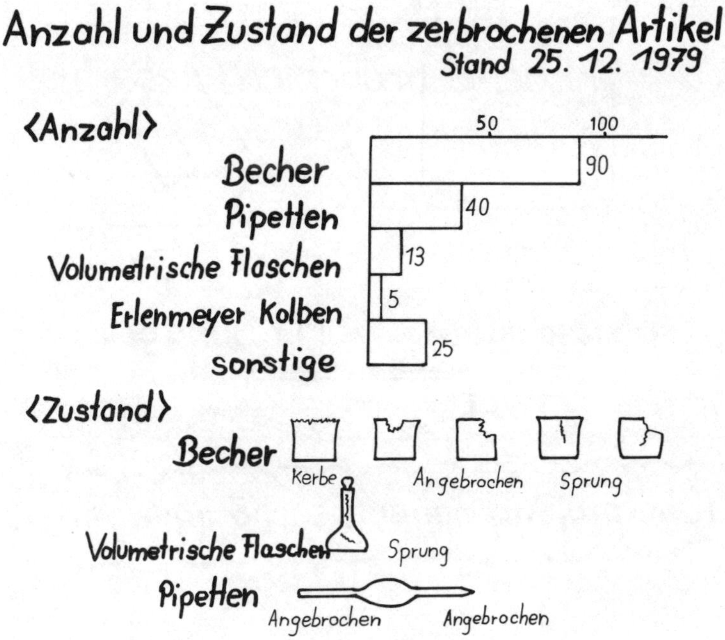

Am Stichtag, dem 25. Dezember, wurde das gesamte Gerät auf Sprünge, Ausbrüche und Absplitterungen untersucht; diese Beschädigungen wurden, um sie später als »alt« identifizieren zu können, durch Glattfeilen repariert bzw. mit Klebeband oder mit einem Feilstrich markiert.

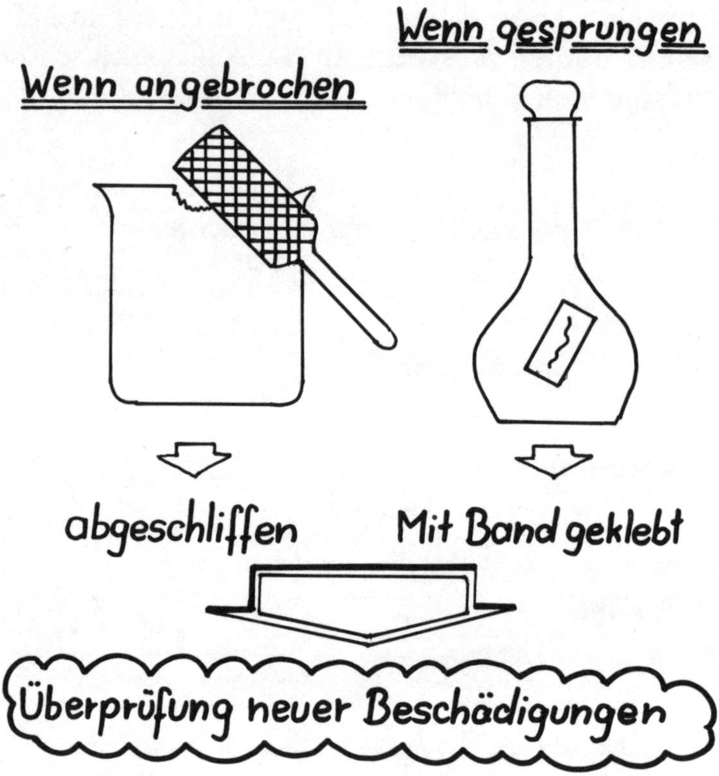

Damit war der Weg frei für den nächsten Schritt: genaue statistische Erfassung neuer Beschädigungen. Eine Liste wurde ausgelegt, in der jeder Laborant notierte, wann welche Beschädigung an welchem Gerät aus welchen Gründen auftrat:

Diese neuen Beschädigungen wurden sofort wieder repariert bzw. markiert.
Im Referenz-Zeitraum von 30 Arbeitstagen – 18. Januar bis 29. Februar – wurden 165 neue Beschädigungen erfaßt. Nach gründlicher Diskussion haben wir dann gemeinsam unser Ziel gesteckt: die Zahl der anfallenden Beschädigungen auf die Hälfte zu senken.

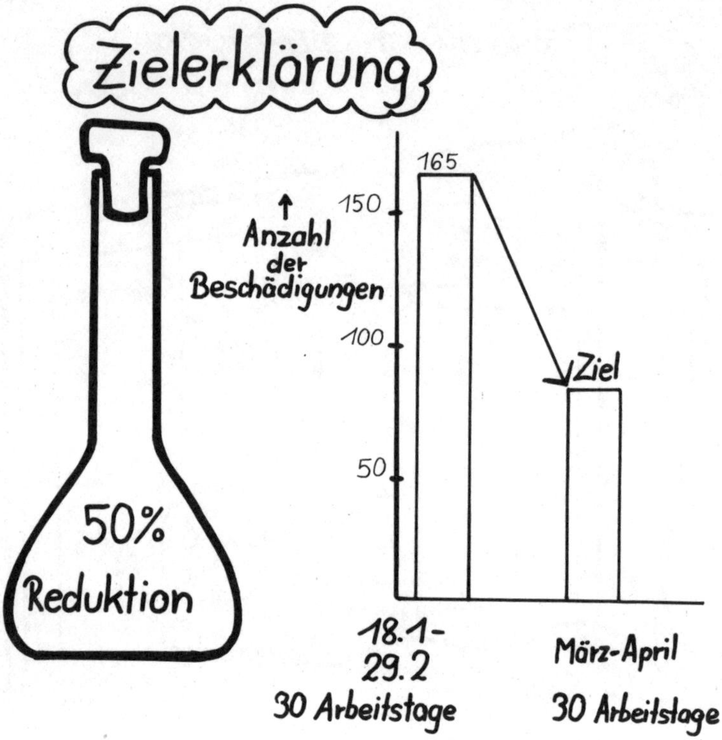

In einem brainstorming wurden alle Schadensursachen zusammengestellt und analysiert; fünf Problembereiche ließen sich identifizieren:

1. Waschmaschine, andere Waschprozeduren, sowie dazugehörige Arbeitsgänge: der Waschkorb und die Haltevorrichtungen der Gallay-Maschine, das Spülgefäß für Pipetten und die Trockenvorrichtungen.

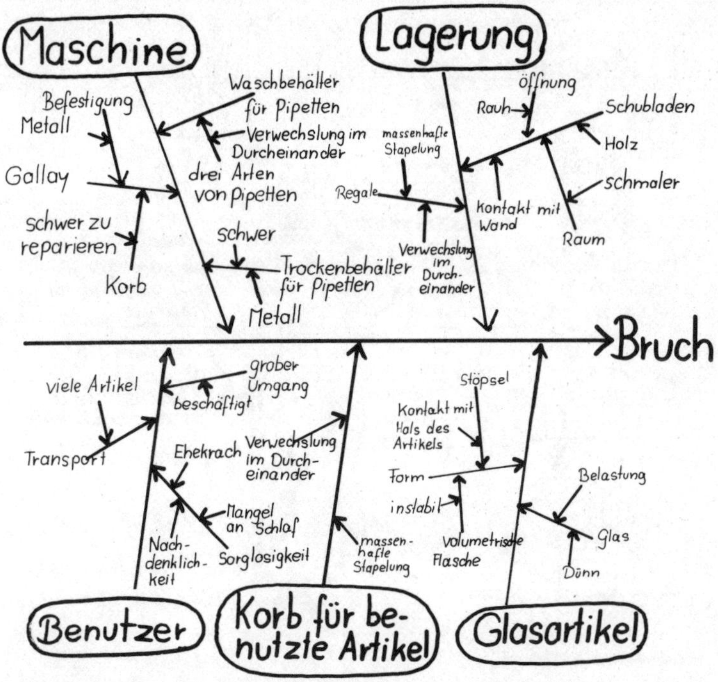

Ursache und Wirkungs-Diagramm

2. Die Lagerung in Schubladen und Regalen.
3. Die eigentliche Benutzung: grobe Behandlung, das Hin- und Hertragen, Nachlässigkeit.
4. Der Sammelbehälter für benutztes Gerät, insbesondere das wahllose und ungeordnete Ablegen der verschiedenen Geräte.
5. Die Empfindlichkeit von Glasgerät im allgemeinen, festsitzende Stopfen, schlechte Standsicherheit usw.

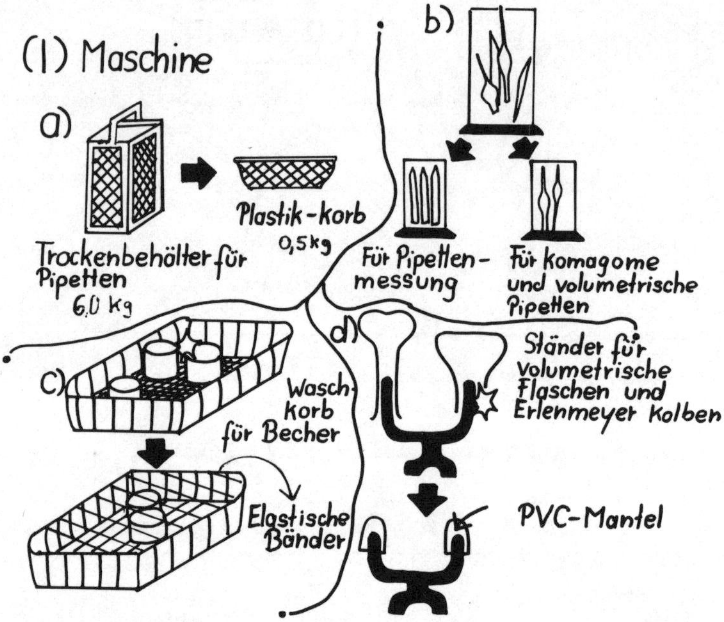

Für die Problembereiche wurden geeignete Abhilfen diskutiert und beschlossen; bei der praktischen Durchführung wurde mit dem Einfachsten begonnen:

1. Im Bereich »Waschen«
   a) der bisher benutzte Trockenkorb für Pipetten war aus Stahldraht; jede härtere Berührung einer Pipette mit der Korbwand führte zu Schäden. Jetzt wird ein Plastikkorb verwendet.

b) in 2 Spülgefäßen wurden Pipetten jeder Art durcheinander gereinigt, je nach Anfall. Jetzt werden in einem Gefäß nur Abfüll- und Komagome-Pipetten, in dem anderen nur Meßpipetten gewaschen.
c) Bechergläser im Waschkorb der Gallay-Maschine werden oft durch Vibrationen beim Waschvorgang beschädigt. Eine Verspannung mit elastischer Plastikschnur sorgt jetzt dafür, daß die Geräte einander nicht berühren.
d) die Halterungen für Glaskolben in der Waschmaschine sind aus Edelstahl; die harten Berührungen beim Waschvorgang werden jetzt durch darübergeschobenes PVC-Rohr gemildert.

2. Bereich »Benutzung«
Laboranten tragen oft mehrere Geräte gleichzeitig in der Hand, oder stellen sie in einem Durcheinander am Arbeitsplatz ab. Jetzt benutzt jeder Laborant – separat für jede Art Gerät – einen Abstell/Tragebehälter, gekennzeichnet mit seinem Namen.

3. Bereich »Sammelbehälter für benutztes Gerät«
Bisher wurde benutztes Gerät wahllos in den Sammelbehälter gelegt. Jetzt wird für jede Art Gerät ein eigener Behälter, mit entsprechender Bezeichnung, reserviert.

(2) Benutzung

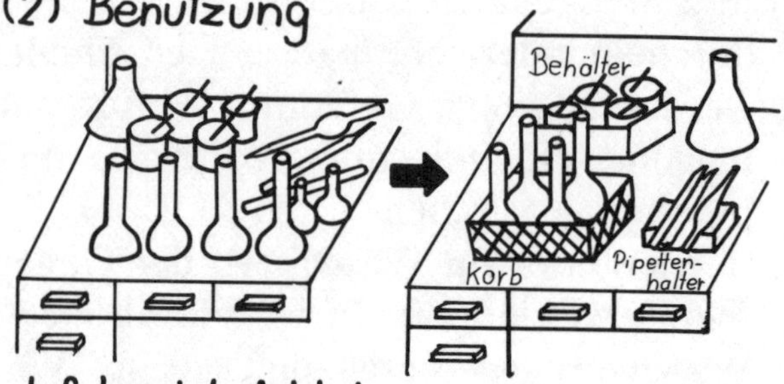

(3) Korb f. benutzte Artikel

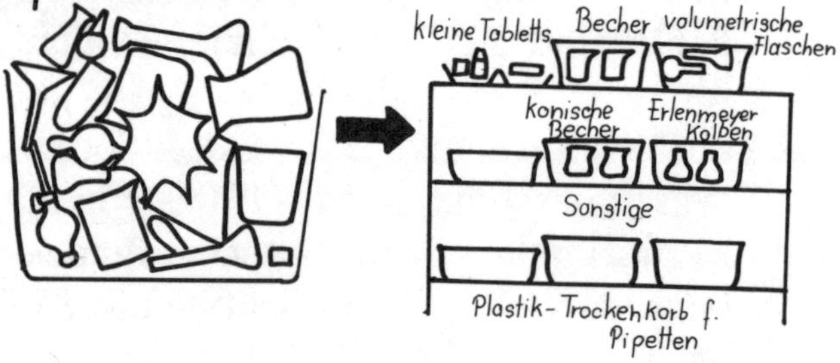

4. Bereich »Lagerung«
   a) b) Pipetten, Bechergläser und Erlenmeyerkolben bis zu 200 ccm wurden vorher ohne weitere Vorkehrungen in Schubladen gelegt; beim eiligen Öffnen oder Schließen der Schublade stoßen die Geräte aneinander. Eine Auskleidung mit Polystyrenschaum und Unterteilung mit Wellkarton brachten Abhilfe.
   c) Bechergläser und Kolben von 300 ccm und mehr wurden durcheinander in Regalen verwahrt. Hierfür ist jetzt mehr Platz reserviert, und jede Art Gerät wird für sich aufbewahrt.

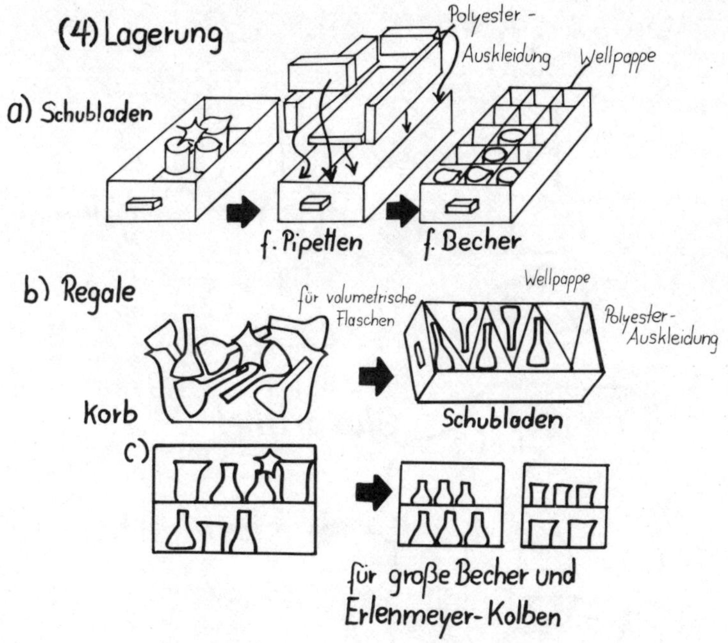

5. Bereich »Empfindlichkeit von Glasgerät«
   a) Glasstopfen wurden vorher mit einem Stück Schnur an das Gerät gebunden, und der Stopfen schlug oft hart an. Jetzt werden die Stopfen nicht mehr angebunden.
   b) Für viele Laborarbeiten spielt Durchsichtigkeit sowie Widerstandsfähigkeit gegen Chemikalien und Hitze keine Rolle. Ein Zehntel des Glasgerätes konnte daher durch Plastikgerät ersetzt werden.

(5) Glasartikel

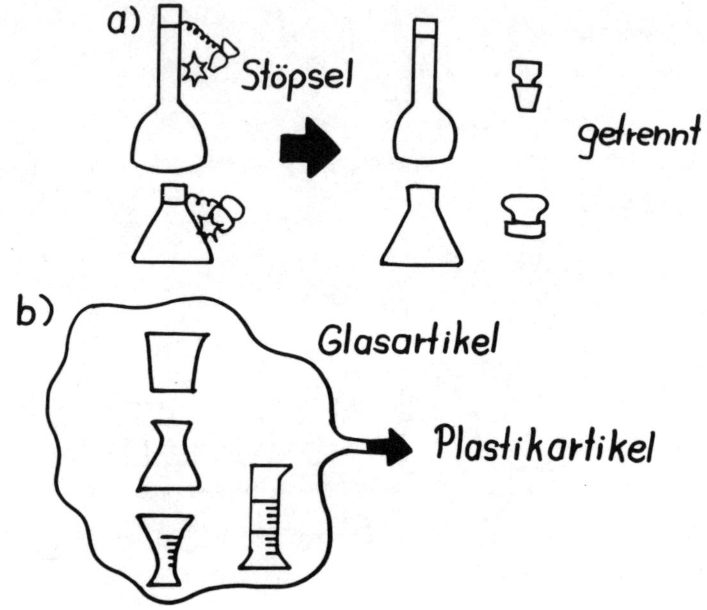

Diese Maßnahmen für die 5 Problembereiche wurden, eine nach der anderen, durchgeführt, und über die Entwicklung der Schadensquote Buch geführt:

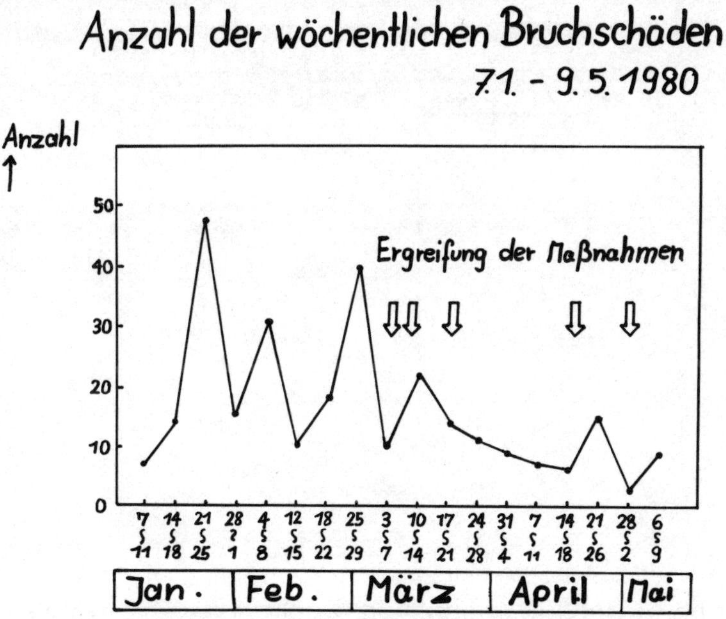

Die Pfeile markieren den Zeitpunkt der Durchführung; die Wirkung ist klar ersichtlich. Da aber die Schwankungen von Woche zu Woche erheblich sind, war nicht ohne weiteres zu erkennen, wieweit wir unser Ziel erreicht hatten. Zu diesem Zweck wurde nun ein repräsentativer Zeitraum von 30 Tagen *vor* mit einem gleichen Zeitraum *nach* Durchführung unserer Maßnahmen verglichen:

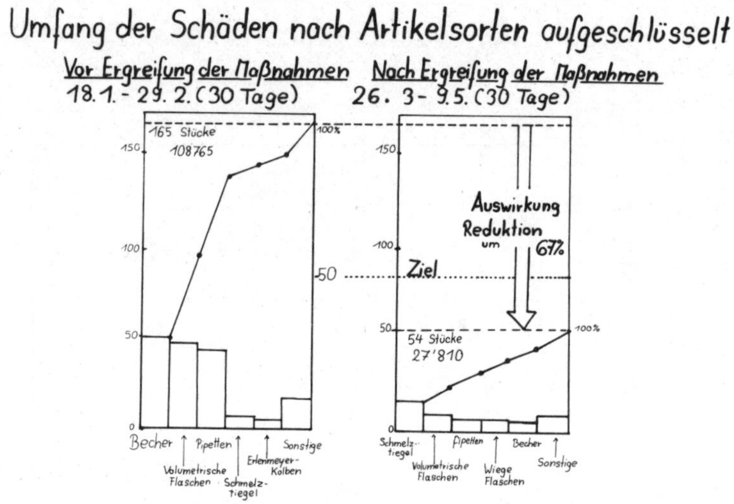

Die Beschädigungen von Bechergläsern, Meßbechern und Pipetten gingen von 135 auf 22 zurück. Die Gesamtzahl aller Schäden wurde von 165 auf 54 reduziert, entsprechend 67 %. Das gesteckte Ziel von 50 % war damit mehr als erreicht. Die Einsparung für 30 Arbeitstage belief sich auf 80 955 Yen.

Schließlich haben wir noch nach Schadens*ursachen* analysiert. Vorher fielen die meisten Schäden im Bereich »Waschen« an (Waschmaschine, Waschgefäße, Trockenkorb, Zentrifuge). Nach Durchführung unserer Maßnahmen ging diese Zahl drastisch zurück. Jetzt fallen die meisten Schäden im Bereich der eigentlichen Benutzung an – ein klarer Beweis, daß die einfachen technischen Maßnahmen wirksam waren.

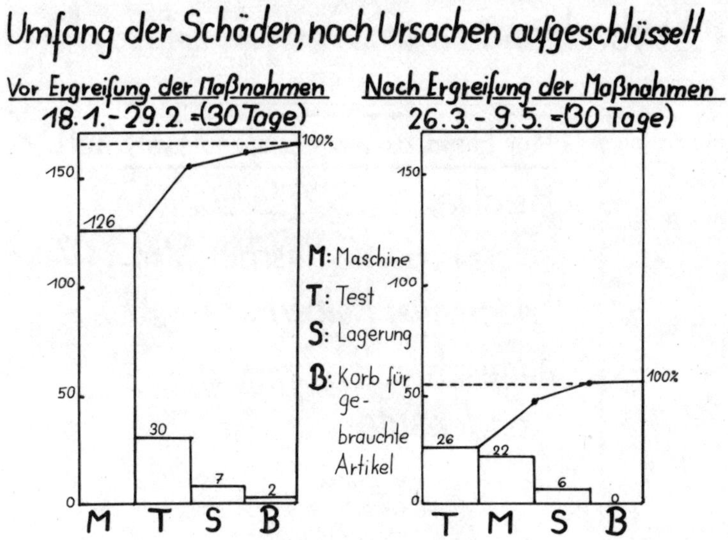

Nun galt es noch, den Erfolg auf Dauer zu sichern. Zu diesem Zweck führen wir die Liste von anfallenden Beschädigungen – welches Gerät. wann, wodurch, von wem – weiter. Ferner werden besonders große, besonders kleine, und wegen ihrer Form besonders empfindliche Geräte von Hand gereinigt.

(2) Von Hand zu waschende Glasartikel

Diese Liste ist neben dem Spülbecken ausgehängt. Außerdem führen wir eine »Liste der Schande«: der größte Übeltäter muß am Monatsende seine Kollegen zum Essen einladen – als »Strafe«, aber auch zur Förderung des Teamgeistes.

(3) Umfang d. Bruchs durch Arbeiter

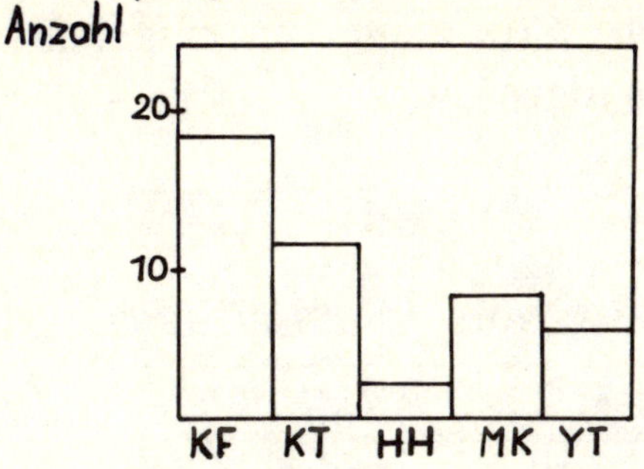

1) Aushang: in dem Aufenthaltsraum im 4. Stock

2) Strafe: Wer für den größten Schaden verantwortlich ist soll die anderen Mitglieder am Monatsende zum Essen einladen.

Weiter wurde für jede Art von Glasgerät ein Laborant als Verantwortlicher ernannt; er kontrolliert die Zahl der Geräte, repariert Schäden, und sorgt für Ersatz.

Schließlich wurden noch, in monatlichem Turnus wechselnd, drei Spezialaufgaben zugeteilt:

– Waschen der Pipetten (Vorreinigung mit Leitungswasser, Nachspülen mit enthärtetem Wasser, Einordnen in den Plastikkorb des Trockengerätes);

– Kontrolle des Sammelbehälters für benutztes Gerät: wird die beschlossene Regel, in einem Behälter nur Gerät *einer* Art zu sammeln, eingehalten?
– Führung der Schadensliste.

(4) Kontrolleure von Glasartikeln

Art des Artikels	Name des Kontrolleurs	Aktivitäten
Becher	MK	Überprüfung der Anzahl
Pipetten	HH	Reparatur beschädigter Artikel
Volumetrische Flaschen	KT	
Separatoren-Trichter	KF	. Ersetzung
Erlenmeyer-Kolben Kleine Artikel	YT	·Inventur, Überprüfung

(5) 3. Aufträge in monatlichem Turnus

a) Pipettenwäscher
b) kontrolleur der körbe für gebrauchte Artikel
c) Zeichner einer kurve (eines Diagramms) über Umfang d. Bruchs durch Arbeiter

Wir haben mit diesem Projekt nicht nur das unmittelbare Ziel erreicht, einen Kostenfaktor zu halbieren. Mindestens ebenso wichtig ist das Erlebnis einer gemeinsamen, erfolgreichen Anstrengung. Arbeitsatmosphäre und Zusammengehörigkeitsgefühl in unserer Abteilung sind besser als je zuvor.«

d) Fallstudie 2: QC im Rahmen strategischer Unternehmensprojekte

Eine pharmazeutische Fabrik stellte über einige Jahre ein bedenkliches Anwachsen des Umlaufvermögens fest. Die Gründe waren schnell klar: die gesetzlichen Vorschriften über die Sicherheit von Medikamenten waren beträchtlich verschärft worden. Es war nicht nur das Endprodukt zu testen, sondern auch das Zwischenprodukt jeder chemischen Reaktion. Nicht genug damit: selbst nach Abschluß der chemischen Prozesse war die Konfektionierung – Tablettierung und Dragierung – noch je einem Test für insgesamt fünf Arbeitsgänge zu unterziehen. Diese Tests wurden ausgeführt am Ende des jeweiligen Arbeitsganges. Stellten sich Produktionsfehler heraus, war die Aussonderung des schadhaften Teils zwar technisch möglich, wirtschaftlich aber nicht. Daher war meistens die ganze Charge zu vernichten.

Um zusätzliche Verluste durch Weiterbearbeiten fehlerhafter Produkte zu vermeiden, wurde die Produktionscharge nach jedem Arbeitsgang beiseite gestellt, bis das Testresultat vorlag; erst dann wurde mit dem nächsten Produktionsschritt begonnen. Die Tests dauerten bis zu 14 Tagen; dies war unvermeidlich, denn die Testanordnung einschließlich eines bestimmten Beobachtungszeitraumes war gesetzlich vorgeschrieben. Das Produktions- und Testschema sah zeitlich so aus:

Produktionsschritt I:	2 Tage
Test I:	3 Tage
Produktionsschritt II:	1 Tag
Test II:	7 Tage
Produktionsschritt III:	2 Tage
Test III:	14 Tage
Produktionsschritt IV:	2 Tage
Test IV:	8 Tage
Produktionsschritt V:	2 Tage
Test V:	4 Tage

Einer eigentlichen Bearbeitungszeit von 9 Tagen stand also eine unproduktive Wartezeit von 36 Tagen gegenüber. Das betriebliche Umlaufvermögen hatte sich um mehr als eine Monatsproduktion vergrößert. Was war zu tun?

An den Testvorschriften ließ sich nichts ändern. Der einzige Ausweg zur Verminderung des Umlaufvermögens war, mit dem nächsten Arbeitsgang schon zu beginnen, während das Ergebnis des voraufgehenden noch getestet wurde. Das Problem dieser Prozedur war aber klar: ein Produktionsfehler in den ersten Arbeitsgängen würde erst entdeckt werden, wenn das Produkt sämtliche Arbeitsgänge durchlaufen hatte. Der Test nach dem zweiten Arbeitsgang dauerte 7 Tage, also länger als die addierte Produktionszeit der restlichen drei Arbeitsgänge. Eine Produktion, die schon im zweiten Arbeitsgang fehlerhaft war, würde weiterbearbeitet werden, und nach dem letzten Arbeitsgang vernichtet werden müssen. Die Idee, die einzelnen Testresultate nicht abzuwarten, sondern sofort weiter zu produzieren, war wirtschaftlich nur sinnvoll, wenn es gelänge, die Fehlerquote in den einzelnen Produktionsschritten so drastisch zu senken, daß ihr kumulierter Wert für die gesamte Produktion unter einem bestimmten Prozentsatz blieb.

Diese Prozentzahl stellte ein außerordentlich ehrgeiziges Ziel dar, und eine ganze Reihe von Qualitäts-Zirkeln – bis zu vier für *einen* Produktionsschritt – machte sich an die Arbeit. Einer von ihnen möge hier als Beispiel dienen – ein Fall, in dem Aufwand und Effekt in einem fast grotesken Verhältnis (im erfreulichen Sinn) zueinander stehen. Hier ist der Bericht der Gruppe, in der Übersetzung leicht gekürzt:

»Die Herstellung eines Medikamentes, das in Tablettenform dargereicht wird, ist mit der Tablettierung keineswegs abgeschlossen. Die medizinisch wirksame Substanz muß bei vielen Präparaten vor Feuchtigkeit und anderen Einflüssen geschützt werden; außerdem soll das Präparat leicht zu schlucken sein, appetitlich aussehen und einen annehmbaren Geschmack haben.

Zu diesem Zweck wird die medizinisch wirksame Substanz dragiert, d. h. mit einer geeigneten anderen Substanz überzogen. In der einfachsten Form der Dragierung ist dies ein Zuckerguß. Für die meisten Präparate hingegen ist der Aufbau erheblich

komplizierter, um alle Anforderungen an mechanische Festigkeit, Schutzeffekt, Farbe, Form und Geschmack zu erfüllen. Dragieren in 5 oder 6 Stufen ist eher die Regel als die Ausnahme.
Wir befassen uns in dem vorliegenden QC-Projekt mit der zweiten Produktionsstufe nach der Tablettierung, der sog. Grunddragierung. Für diesen Arbeitsgang werden Dragiertrommeln verwendet – zwiebelförmige Gefäße aus Edelstahl, rotierend mit 20–25 UpM auf einer um 60° gegen die Senkrechte geneigten Welle. Einer Charge Tabletten wird die Dragiersubstanz von sirupartiger Konsistenz beigegeben, und die auf den Tabletten sich bildende Schicht bei dauernder Drehung der Trommel durch zugeführte Warmluft getrocknet. Bei einem gewissen Prozentsatz der Produktion – etwa 0,1 % fällt diese Grunddragierung fehlerhaft aus. Diese Quote drastisch zu senken ist die Aufgabe, die wir uns gestellt haben.
Bei der Suche nach den Ursachen wurde folgendes beobachtet: Tabletten in der Nähe des Trommelbodens rutschen mehr oder weniger parallel zueinander und zum Trommelboden an diesem herunter. Wir nennen dies die ›Zone paralleler Bewegung‹. Tabletten in der Nähe der Seitenwandung und der Trommelöffnung hingegen fallen bei der Umwälzung der Charge von der Seitenwandung zum Boden. Wir nennen dies die ›Zone senkrechter Bewegung‹. Zwischen beiden liegt eine Zone weniger klar definierter Bewegung.

Es ließ sich weiter beobachten, daß sich an Tabletten in der ›Zone senkrechter Bewegung‹ weniger von der Dragiersubstanz ablagert, an der Wandung dieser Zone hingegen mehr als in der ›Zone paralleler Bewegung‹. Hier verhindert offenbar das parallele Entlangrutschen der Tabletten am Trommelboden, daß sich mehr als eine dünne Schicht der Dragiersubstanz an der Wandung ablagert. An den Seitenwandungen hingegen, von denen die Tabletten herunterfallen, fällt dieser Scheuereffekt fort, und die Dragiersubstanz lagert sich in Form kleiner Stalaktiten ab. Sobald diese eine gewisse Länge erreichen, brechen sie ab, und bleiben an einer oder mehreren Tabletten kleben.
Diese Stalaktitenbildung galt es zu verhindern. Könnte man versuchen, den Trocknungsprozeß der Dragiersubstanz selektiv hinauszuzögern, nämlich so, daß die Substanz auf den Tabletten eher hart wird als an der Seitenwandung? Denn solange die Substanz noch hinreichende Viskosität aufweist, bilden sich offensichtlich keine Stalaktiten. Die Trocknungsgeschwindigkeit ist nun abhängig von der Temperatur. Man müßte also die Wandung in der kritischen Zone kühler halten als die Charge.
Damit läßt sich bereits ein grobes Anforderungsprofil für die apparativen Änderungen zeichnen:
- die Kühlkapazität, auch wenn sie sich endgültig erst experimentell würde definieren lassen, muß offenbar ganz beachtlich sein;

- der Kühleffekt muß auf eine klar definierte Zone beschränkt sein;
- die Kühlapparatur muß allen Reinheits- und Sicherheitsanforderungen an eine pharmazeutische Fertigung genügen;
- die laufenden Kosten sind so niedrig wie möglich zu halten.

Drei verschiedene Kühlmethoden wurden probiert:

1) Luftkühlung: Preßluft von 10–15°C wurde auf die Außenwand geblasen. Befund: ungenügende Kapazität, Reinheit war nur mit erheblichem Aufwand zu garantieren.
2) Ausnutzung der hohen spezifischen Schmelzwärme bestimmter Medien. Befund: ungenügende Kapazität; Apparatur muß in in kurzen Abständen von Hand gewartet werden.
3) Wasserkühlung: einem Schwamm, an die kritische Stelle der Außenwand gepreßt, wurde Kühlwasser zugeführt. Diese Anordnung funktionierte im Prinzip. Abführung des Kühlwassers erübrigte sich, weil der Wasserfilm verdunstete, bevor die gleiche Stelle der Wandung nach einer vollen Umdrehung der Trommel wieder den Schwamm erreichte. Die Schwierigkeit lag in der Dosierung des Kühlwassers. Drei Möglichkeiten wurden probiert:

   a) Dosierung durch entsprechende Öffnung des Wasserhahnes; Befund: unzuverlässig, weil der Wasserdruck zu stark schwankt.

b) Tropfvorrichtung; Befund: Apparatur neigt zu Blasenbildung in der warmen Umgebung, daher unzuverlässig.
c) Dosierpumpe; Befund: einwandfrei

Diese simple Apparatur war die Lösung für ein altes Problem, das man eigentlich schon als nicht lösbar betrachtet hatte. Die Stalaktiten verschwanden, die Ausschußquote sank auf Anhieb unter die Schwelle von 0,01 %, und liegt nach verbesserter Feinabstimmung von Kühlwassermenge und -temperatur inzwischen in der Nähe von 0,001 %.«
Dieses ist der Bericht *eines* Qualitätszirkels. Insgesamt haben mehr als ein Dutzend Gruppen an der strategischen Aufgabe gearbeitet, die kumulierte Ausschußquote unter einen festgelegten Prozentsatz zu senken, damit die Weiterbearbeitung der Zwischenprodukte *vor* Abschluß der Zwischentests wirtschaftlich möglich zu machen, womit sich wiederum die Gesamt-Produktionszeit für die Konfektionierung allein um rund einen Monat senken ließ. Die Wirkung auf die Produktionskosten – der kombinierte Effekt der Verringerung des Umlaufvermögens und der radikalen Senkung der Ausschußquote; die letztere zunächst eigentlich nur als Mittel zum Zweck der ersteren gedacht – war geradezu ein Quantensprung.

13. Lehren?

Wenn immer man im Leben jemand trifft, der erfolgreicher ist, liegt die Frage nahe: sollte man es ebenso machen?

Die Frage ist hier nicht ganz so einfach zu beantworten, wie sie aussieht. Auf den ersten Blick wird man mit einer Antwort kaum zögern: der industrielle Erfolg Japans ist offenbar nicht das Resultat dieses oder jenes einzelnen Faktors, dieser oder jener besseren Strategie oder richtigeren Entscheidung, sondern eines ganzen Systems, das seinerseits im Nationalcharakter, in der Kultur gründet. Das kann man nicht verpflanzen oder »übernehmen«.

Viele Beobachter aber haben nicht nur den offensichtlichen *Erfolg* gesehen, sondern noch einen zweiten, kritischen Blick auf die japanische Szene geworfen, und sind nicht nur zu ebenfalls negativen, sondern auch sehr aggressiven Schlußfolgerungen gekommen, nämlich:

»Lassen wir beiseite, ob man das japanische System übernehmen *kann;* fragen wir uns, ob es tatsächlich so verlockend ist, daß wir es übernehmen *würden.*

Da ist dann unübersehbar, daß am industriellen Erfolg, wie an fast allen Dingen im Leben, ein Preisschild hängt, und dieser Preis ist uns zu hoch. Nehmen wir zwei Elemente des Systems, die – wohl mit Recht – als Kernstücke angesehen und hochgelobt werden – die Fähigkeit zum nationalen Konsens und die außerordentliche Motivation der Japaner: Der nationale Konsens in den vitalen wie auch den trivialeren Fragen hebt sich gewiß vorteilhaft ab von der gespannteren, streitigeren, zerfahreneren Atmosphäre vieler anderer Länder. Aber Konsens hat auch die Kehrseite der Uniformität, der Undifferenziertheit, einer gewissen Borniertheit. Typisch dafür ist die Presse, die ja naturgemäß in der Vorbereitungsphase des Konsenses eine wichtige Rolle spielt. Fünf große Tageszeitungen beherrschen das Feld und sehen auch untereinander im Inhalt sehr ähnlich aus. Lokalblätter von meinungsbildender Potenz gibt es praktisch nicht. Es fehlt die belebende Vielfalt, mit Einschluß des Exzentrischen – aber auch des Kreativen. Zur Konsensgesellschaft gehört, gehässig gesagt, eine gewisse Herdenmentalität, von ihr einerseits vorausgesetzt, andererseits gefördert. Die Effizienz der Konsensgesellschaft ist unbestritten, aber wir ziehen es vor, etwas weniger ausgerichtet in Reih' und Glied, in etwas weniger perfektem Gleichschritt zu marschieren. Wir ziehen eine lebendige Vielfalt vor, auch wenn die Produktion dann nicht ganz so perfekt abläuft.

Und dann die vielbesungene Motivierung des Arbeiters oder Angestellten. Loyalität zur Firma ist lobenswert. Aber die Firma zum beherrschenden Mittelpunkt des Lebens hochzustilisieren, auch seine Freizeit noch mit denselben Leuten zu verbringen, die man schon während der Arbeit um sich hat, an jedem Arbeitstag eine Morgenandacht mit Firmenhymne, die Firma als Religionsersatz – das führt denn doch zu einer Schmalspurigkeit im Denken, zu einer schrecklichen geistigen Verarmung. Was soll man im Ernst von Leuten halten, zu deren beliebter Freizeit›gestaltung‹ der Pachinko-Parlour gehört – Säle mit langen Reihen von nervtötend scheppernden Spielautomaten, an denen man in umwerfender Stumpfsinnigkeit Stahlkugeln flippen kann? Einsatzfreude, Fleiß, Leistungswille – fein; aber es gibt auch hier ein Maß, und dieses Maß ist überschritten, wenn nichts anderes mehr Platz findet im Tagesablauf, oder in einem Gespräch, als eben business. Ameisenhafte Rastlosigkeit, das Land des Hechelns. – Japans System übernehmen? Nein, besten Dank.«
Es ist etwas dran an den kritischen Bemerkungen nach dem zweiten Blick. Zum Nationalcharakter gehört die Fähigkeit und die Neigung, sich einer Sache mit Inbrunst zu widmen, aber dann eben auch nur dieser einen. Es bedarf vielleicht auch einer gewissen Schlichtheit des Denkens, um es einigermaßen höflich zu sagen, um sich so vorbehaltlos und so ausschließlich der industriellen Leistung zu ver-

schreiben. Dieser Schlichtheit nachzueifern wäre in der Tat keine Bereicherung. Aber die Frage, ob Japans Erfolg Lehren vermitteln kann, ist damit nicht beantwortet. Zwar beruht dieser Erfolg auf einem Zusammenspiel vieler Faktoren – was eben das japanische System ausmacht – und viele davon gründen in der Tat in unverpflanzbaren, uns wesensfremden kulturellen Eigenheiten.

Aber offenbar nicht alle: japanische Unternehmen haben im Ausland, besonders in USA, eine Reihe von Firmen übernommen, die als Problemfälle galten. Zwei Beispiele: Motorola (durch Matsushita) und Warwick Electronics (durch Sanyo) – vorher rote Zahlen, geringe Produktivität, Qualitätsprobleme, Moral der Belegschaft auf dem Tiefpunkt. Unter japanischem Management wendete sich das Geschehen: in relativ kurzer Zeit Bewältigung der Qualitätsprobleme, wiedergewonnene Rentabilität, motivierte Belegschaft.

Geht man diesen oder ähnlichen Fällen auf den Grund, stößt man fast unweigerlich auf den immer gleichen Typ von Mismanagement: den vernachlässigten Faktor Mensch. Das Problematische an dieser Kategorie von Mismanagement ist, daß sie oft fehldiagnostiziert wird. Was ins Auge springt, sind Ausschußquoten, konstruktive Mängel, niedrige Produktivität, rote Zahlen. Kein Wunder – so wird dann oft die Analyse abgeschlossen – daß die Moral auf dem Hund ist; in so einem Saftladen!

Diese »Analyse« verwechselt, jedenfalls in japanischen Augen, Ursache und Wirkung. Wenn die Moral in Ordnung ist, von oben bis unten in der Hierarchie, sind Sachprobleme rasch gelöst, sind die – zu Anfang praktisch immer und überall vorhandenen – konstruktiven Mängel bald ausgemerzt, die Ausschußquoten liegen irgendwo zwischen erträglich und Null, die Zahlen sind in Ordnung.

Die Lehre aus dem japanischen Erfolg – im eigenen Land *und* in anderen kulturellen Umgebungen – ist, den menschlichen Faktor als das Entscheidende zu sehen. Man hat bei uns, mit einigem Recht, die Kälte und Entmenschlichung des modernen Produktionsprozesses, der Industriegesellschaft schlechthin, beklagt: der Mensch würde als Produktionsfaktor wie eine Maschine behandelt. Bei Licht besehen ist dies noch geschmeichelt. Wenn eine Maschine von 100 000 Mark angeschafft wird, braucht es einen wohlerwogenen Investitionsvorschlag, zu dem sich mehrere Stellen äußern; es wird hin und her überlegt, wie die Maschine am produktivsten in den Fertigungsprozeß eingebaut, wo sie aufgestellt wird, ob alle Anschlüsse – Kabelquerschnitte, Dampf, Druckluft oder was auch immer zu beachten ist – vorhanden sind. Schließlich soll die Maschine ja, sagen wir, sieben Jahre dienen. Und wenn es dann soweit ist und der Probelauf beginnen soll, stehen Arbeiter, Meister und Direktor erwartungsfroh dabei. – Wird ein Arbeiter oder Angestellter »angeschafft« – der in sieben Jahren erheblich mehr kostet als 100 000 Mark – ist die Prozedur erheblich weniger feierlich. Ein Blick in die Papiere, ein eher kurzes Gespräch – der Mann bzw. die Frau ist angestellt. Sind seine – oder ihre – »Anschlüsse« in Ordnung? Steht auch hier beim »Probelauf« der Direktor dabei?

Konflikte sind vorprogrammiert. Einmal, weil der Mensch sich mit Recht wehrt, wie eine Maschine, oder schlechter, behandelt zu werden. Bewußt oder instinktiv, es kommt zu Trotzreaktionen, zu subtilen Akten der Revolte. Die scheppernde Cola-Dose, die ein wütender Kunde in der Türverkleidung seines neuen Autos fand, war vielleicht nicht ganz aus Versehen da. – Auf den menschlichen Faktor, auf menschliche Reaktionen kann man einen Manager aufmerksam machen, damit er nicht einfach aus Unachtsamkeit Porzellan zerschlägt; wenn jedoch dieser Manager nicht von Haus aus ein Gefühl für Menschenwürde hat, werden noch so gute Kurse in Menschenführung auch nicht viel helfen. Er ist als Vorgesetzter ungeeignet.

Vorprogrammiert ist der Mißerfolg aber auch, weil diese Art von Management sich selbst überschätzt. Manager in diesem etwas archaischen Verständnis ist derjenige, der plant, entscheidet, anweist, überwacht. Archaisch deshalb, weil es vielleicht in der Frühzeit der Industrialisierung eine Berechtigung hatte: mit Arbeitern ohne Ausbildung, in relativ überschaubaren Produktionsprozessen, die ein Manager – und *nur* er – noch allein überblicken konnte. Die Haltung der allwissenden, souveränen Unfehlbarkeit war sachlich einigermaßen begründet. Aber inzwischen sind die Dinge komplexer geworden, entwickeln sich rascher; auch ein fachlich tüchtiger Manager hat nicht mehr jedes Detail im Griff. Er muß es auch nicht; denn er hat es mit Leuten eines ganz anderen Ausbildungsstandes zu tun, die nicht nur vielen *Problemen* des Betriebes sehr viel näher stehen, sondern auch der Lösung. Und die auch mehr als stumpfsinnige Handgriffe beitragen *wollen*. Ein Manager, der dieses Potential nicht nutzt oder gar verschüttet, der – vielleicht aus mangelnder Selbstsicherheit – mit dem Anspruch auftritt, die Kopfarbeit allein zu leisten, hält unvermeidlich die Gesamtleistung seiner Gruppe niedriger als nötig, weil dann tatsächlich nur *sein* – gewiß nicht allwissender – Kopf arbeitet; er provoziert unweigerlich die – unausgesprochene, aber in ihren Wirkungen unübersehbare, in Extremfällen bis an die Grenze der Sabotage gehende – Trotzreaktion: »Wenn Du Armleuchter alles besser weißt . . .«.

Japanisches Management arbeitet nicht im archaischen Stil. Japanische Manager »arbeiten« überhaupt nicht viel, wenn man darunter Briefe und Memos diktieren, anweisen, Entscheidungen vorbereiten, ausarbeiten, treffen versteht. Sie sind oft nicht einmal sachkundig, wenn sie sich im Zuge der »job rotation« plötzlich in einem ganz neuen Verantwortungsbereich wiederfinden. Sie befassen sich weit überwiegend mit dem Wesentlichen: mit

den Menschen, und mit dem Klima, in dem diese Menschen nicht nur arbeiten, sondern gern, selbstverantwortlich und kreativ arbeiten.
So betrachtet, erscheinen die oben skizzierten kritischen Bemerkungen über die angebliche eindimensionale Verarmung des japanischen Menschen in der Industriegesellschaft in einem anderen Licht. Der Japaner, für den die Firma beherrschender Mittelpunkt des Lebens ist, hat eben nicht nur acht Stunden Schrauben angezogen, sondern eine volle menschliche Existenz gefunden. Könnte es vielleicht eher umgekehrt sein, daß nämlich der Mensch in einem schlecht geführten Betrieb *bei uns* ärmer dran ist – und dies auch deutlich werden läßt, wenn er mit der ganzen Belegschaft eine Minute vor fünf sozusagen in Tiefstart-Stellung geht, um auf den Sirenenton losssprinten zu können? Zweiflern mag zu denken geben, daß der japanische Stil auch in einer westlichen Umgebung erfolgreich war – mit einigen Anpassungen, um die nun einmal im japanischen Charakter liegende Hundertzehnprozentigkeit korrigierend auszugleichen.
Eine andere Lehre des japanischen Systems liegt nicht im Bereich der Unternehmen, sondern betrifft eine politische Grundentscheidung: es geht um den Sozialstaat. Die Frage ist nicht, *ob* der Staat sozial sein soll. Es geht um das Maß; wenn man so will, um die Prinzipfrage »Füllhorn oder Subsidiarität«. Als Grundsatzfrage wird das Problem heute in der Tat in USA aufgegriffen: ». . . the idea that has

been established over the last ten years, that all-most every service that someone might need in life ought to be provided, financed by the government as a matter of basic right, is wrong. We challenge that. We reject that notion.«[1]

In Deutschland, beispielsweise, sieht das Bild bedenklich aus, vielleicht in einem dramatischeren Sinn als viele es sehen. Zwar ist offensichtlich geworden, daß der von einer frei austeilenden Gefälligkeitsdemokratie geschaffene exzessive Wohlfahrtsstaat in nicht ferner Zukunft unter seinem eigenen Gewicht zusammenbrechen muß. Sichtbar ist der Mißbrauch, die korrumpierende Leistungsfeindlichkeit: »Im realen Wohlfahrtsstaat gibt es nicht die Umverteilung zwischen den vom Leben Begünstigten und Zufallsgeschädigten, sondern zwischen Fleißigen und Faulen, zwischen Sparern und Verschwendern . . .«[2]. Sichtbar sind Haushaltsdefizite und notleidende Versicherungseinrichtungen.

Aber all dies ließe sich, in der Theorie, korrigieren. Die Dramatik liegt darin, daß der Wohlfahrtsstaat, je exzessiver, kontraproduktiver und damit reformbedürftiger er ist, desto stärker diese Reformierbarkeit verliert. Das von Gefälligkeitspolitikern über lange Jahre gezüchtete Anspruchsdenken

---

[1] David Stockman, Direktor des »Office of Management and Budget« in der Regierung Reagan

[2] W. Engels, zit. nach »manager magazin« 10/81, S. 23

macht selbst die nächstliegenden, bescheidenen Korrekturen zu einem brisanten, hochpolitischen Problem. Auch wenn die Kosten der Krankenversicherung explodieren, gilt es heute als unzumutbar, daß ein Kranker einen noch so bescheidenen Teil der Kosten – z. B. einige Karenztage in der Lohnfortzahlung und einen gewissen Selbstbehalt bei der medizinischen Versorgung – selbst übernimmt; das heißt: *direkt* übernimmt, denn indirekt zahlt er in jedem Fall.

Es geht vordergründig um Finanzierungsprobleme. Es geht, etwas weniger vordergründig, um die systematische Zerstörung von Leistungswillen und auch von Ehrlichkeit. Im letzten Grunde aber geht es darum, daß der exzessive Wohlfahrtsstaat den Bürger entmündigt und verkindet, bis an die Stelle des mitverantwortlichen Staatsbürgers ein Unreifer tritt, gewöhnt nur noch an die Geste des Forderns und der aufgehaltenen Hand. In diesem Sinn ist der exzessive Wohlfahrtsstaat eine eminente politische Gefahr; er untergräbt mit der Verkindung des Bürgers die Fundamente des demokratischen Staates.

Auch Japan ist unzweifelhaft ein sozialer Staat: es leidet niemand unverschuldet Not. Die Gemeinschaft tritt ein für die Kranken, die Alten, die Arbeitslosen. Aber sie tut dies nach dem Grundsatz der Subsidiarität: sie übernimmt die Bürden – und dann den Teil der Bürden – die der einzelne nicht tragen kann. Es wird nicht zur Unehrlichkeit, zur Trittbrettfahrerei ermuntert. Es wird vorausgesetzt, daß jeder selbst tut, was er kann, und nicht jede Verantwortung der Gemeinschaft aufhalst. Die Altersrente, zum Beispiel, bewahrt vor Not. Es gilt aber nicht als unzumutbar, daß der Einzelne während seiner durchschnittlich 35 Arbeitsjahre auch selbst an seinen Lebensabend denkt und etwas dafür tut. Umgekehrt läßt diese Art Sozialstaat dem Bürger aber auch *Raum,* selbst etwas vorzukehren; denn Steuern und Beiträge sind bescheiden. Es ist ein wacher Sinn dafür vorhanden, daß der Wohlfahrtsstaat, sei er gemäßigt oder exzessiv, nicht eigentlich etwas geben, etwas schenken kann, sondern nur das austeilt – oft an Unwürdige – was er abschöpft, vermindert um die Reibungsverluste der Bürokratie.

In diesem Sinn ist der japanische Sozialstaat, was auch immer die Fragwürdigkeiten *im einzelnen* sein mögen, vorbildlich: die Gemeinschaft nimmt sich, meistens sogar recht großzügig, der Not an. Aber es bleibt der Leistungswille erhalten. Es bleiben auch die Staatsfinanzen relativ gesund. Und es bleibt, last not least, der wache, mitverantwortlich denkende und handelnde Staatsbürger erhalten.